THÈSE

DE

DOCTORAT

La Faculté n'entend donner aucune approbation ni improbation aux opinions émises dans les thèses ; ces opinions doivent être considérées comme propres à leurs auteurs.

FACULTÉ DE DROIT DE PARIS

DROIT ROMAIN

DES POUVOIRS
DES TUTEURS ET DES CURATEURS

DROIT FRANÇAIS

DE LA RÉPRESSION
DES
FAUSSES INDICATIONS
RELATIVES AUX
LIEUX DE FABRICATION & DE PRODUCTION

THÈSE POUR LE DOCTORAT

L'ACTE PUBLIC SUR LES MATIÈRES CI-APRÈS

Sera soutenu le Mercredi 20 Mars 1895, à 2 heures 1/2

PAR

Henri MOREAU

AVOCAT A LA COUR D'APPEL

Président : M. RENAULT.

Suffragants : MM. GÉRARDIN, HENRY MICHEL, FAURE, *professeurs.*

PARIS

LIBRAIRIE NOUVELLE DE DROIT ET DE JURISPRUDENCE

ARTHUR ROUSSEAU

ÉDITEUR

14, rue Soufflot, et rue Toullier, 13

1895

MEIS ET AMICIS

DROIT ROMAIN

—

DES POUVOIRS

DES

TUTEURS ET DES CURATEURS

INTRODUCTION

Si toutes les personnes peuvent être le sujet actif ou passif d'un droit, il en est qui, à raison de leur âge ou de certaines infirmités ne peuvent exercer elles-mêmes les droits et actions qu'elles trouvent dans leur patrimoine. Elles ont besoin d'avoir à côté d'elles un protecteur, un administrateur qui prenne en mains leurs intérêts, qui subvienne à leurs besoins. Cette nécessité de protection, d'assistance a été, dans des buts peut-être différents, prise en considération par toutes les législations : à Rome, elle était sanctionnée par deux institutions, la Tutelle et la Curatelle.

Les tuteurs et les curateurs étaient donc chargés d'administrer la fortune des incapables ; et pour leur permettre d'atteindre ce but, la loi offrait à ces fondés de pouvoirs, du moins aux tuteurs des impubères et aux curateurs généraux des pubères mineurs de 25 ans, deux moyens : l'*auctoritatis interpositio* ou le *consensus* et la *negotiorum gestio* (1). Chez nous, le tuteur agit dans tous les cas seul comme un mandataire général; le pupille reste complètement étranger à la gestion de ses affaires. Le tuteur romain, au contraire, peut agir lui-même ou faire agir le pupille qui n'est plus *infans*.

Bien que cette dualité de fonctions soit un des traits les plus originaux de la tutelle romaine, ce n'est pas elle qui fera le sujet de notre étude. Nous nous bornerons à envisager un des points de ces fonctions et nous chercherons à établir quels pouvoirs les tuteurs et les curateurs avaient sur la fortune des incapables, dans quelle limite ils avaient qualité pour disposer de leurs biens.

L'étendue de ces pouvoirs a varié avec le temps. Très grands à l'origine, ils ont subi successivement plusieurs restrictions qui ont été la conséquence logique

(1) Les curateurs des pubères mineurs de vingt-cinq ans, tant qu'ils n'avaient été que des curateurs *ad hoc*, ne faisaient que *consensum accommodare*, donner leur *consensus*. Lorsqu'ils devinrent généraux, ils eurent les deux fonctions : *negotia gerere et consensum accommodare*, Le *consensus* ressemblait singulièrement à l'*auctoritas tutoris*. — Les curateurs des fous n'avaient que la première de ces deux fonctions ; pour ceux des prodigues, c'est contesté ; peut-être avaient-ils les deux. — Le tuteur des femmes nubiles dont nous ne occuperons pas dans notre étude ne faisait qu'*auctoritatem interponere* et encore cette *auctoritas* n'était-elle pas requise dans tous les cas où la femme rendait sa condition pire. (Voyez Ulpien. Reg. Titre XI, §§ 25 et 27).

et nécessaire d'un changement dans le fondement des deux institutions qui nous occupent. Nous sommes donc amenés à procéder historiquement. Nous examinerons d'abord l'ancien droit; puis la deuxième phase de la question sera divisée en deux parties par l'*oratio Severi*. Enfin dans un troisième chapitre nous traiterons de la valeur des actes accomplis par les tuteurs et les curateurs.

Mais avant d'aborder notre sujet, nous devons parler d'une particularité qu'offrait encore la tutelle romaine. Tandis que chez nous le tuteur a dans ses attributions l'administration du patrimoine en même temps que le gouvernement de la personne du mineur, à Rome, cette dernière mission n'incombe pas au tuteur. C'est le prêteur ou le président de la province qui désigne, après avoir pris l'avis des parents, la personne (1) qui sera chargée de veiller à la garde et à l'entretien du pupille. Le rôle du tuteur relativement à l'éducation se borne alors à verser entre les mains de la personne choisie les sommes nécessaires aux dépenses du pupille. M. Labbé (2) regrette qu'une semblable mesure « ne soit pas reproduite dans notre « code civil. La tutelle est un office viril. Souvent,

(1) La préférence doit être donnée à la mère si elle n'est pas remariée. (L. 1, C. *Ubi pup. éduc.*, livre V, titre XLIX).

(2) M. Labbé, sur Ortolan, livre I, appendice VI.

« surtout pour une jeune fille impubère, une parente sera « la personne à qui le plus convenablement la garde « sera confiée. » Nous n'avons pas à apprécier ici cette disposition. Bornons-nous à constater qu'elle existe généralement dans les législations où la tutelle est organisée en faveur du tuteur. Il en était ainsi en Grèce et dans notre ancien droit coutumier.

CHAPITRE PREMIER

—

DROIT PRIMITIF.

—

§ I. — *Les tuteurs et les curateurs ont-ils été à une époque ancienne propriétaires des biens des incapables?*

Suivant une opinion très fondée (1), la tutelle et la curatelle n'auraient pas toujours été des charges *(onera)* pour les personnes qui les exerçaient ; elles auraient commencé par être des droits (2). Il y aurait eu, en effet, une époque très ancienne où l'idée de protéger

(1) M. Gérardin, *Nouvelle Revue historique de Dr. Franç. et étranger*, année 1889.

(2) Le mot « *potestas* » employé par Servius (D. liv. 26, titre I, loi I, pr.) aurait donc commencé par être l'expression de la vérité pour ne plus devenir qu'un souvenir à l'époque classique.

les incapables n'était pas le but principal de ces institutions. Une personne était-elle trop faible pour gouverner elle-même ses intérêts, ses propres parents, ses agnats prenaient en mains la gestion de son patrimoine et les mesures qui étaient prises alors l'étaient moins dans l'intérêt de l'incapable lui-même que dans celui du groupe familial auquel il appartenait. Les droits de l'individu s'effaçaient devant ceux de la famille qui ne devait pas souffrir de l'incapacité d'un de ses membres.

Dans ces conditions, n'était-il pas naturel que les personnes qui jouissaient de ces droits eûssent les pouvoirs les plus étendus sur les biens qu'ils administraient. De nombreux textes des IIe et IIIe siècles qualifient les tuteurs de *loco dominorum, vice dominorum* (1). Ne serait-ce pas là une atténuation de l'état de choses primitif et n'y aurait-il pas eu un temps où les tuteurs et les curateurs auraient été vraiment *domini*, c'est-à-dire où leurs pouvoirs sur les biens des incapables auraient été ceux d'un propriétaire ? Cette idée a été soutenue et développée avec une

(1) « Tutor... *domini loco* haberi debet. » PAUL, L. 27, Dig., XXVI, 7.

« ...nam tutor in re pupilli *domini loco* habetur... JULIEN, L. 7, § 3, Dig., XLI, 4.

« ...quia tutor *domini loco* habetur. » JULIEN, L. 56, § 4, Dig., XLVII, 2.

« ...vel dominis, vel his (tutores) qui *vice dominorum* sunt, ULPIEN, L. 11, § 7, Dig., XLIII, 24.

grande énergie par M. Gérardin (op. cit.). De puissantes considérations militent en faveur de cette théorie.

Et en effet, nous avons plusieurs fragments de l'époque classique, dans lesquels nous trouvons, à n'en pas douter, des vestiges des pouvoirs qui auraient été originairement accordés aux tuteurs et aux curateurs. La question est assez intéressante pour que nous nous arrêtions quelques instants sur deux de ces textes :

1° Gaïus (C^re^ II, § 64) énumère les personnes qui, n'étant pas propriétaires d'un bien, peuvent cependant l'aliéner. « *Ex diverso agnatus furiosi curator rem* « *furiosi alienare potest ex lege XII tabularum,* « *item procurator, item creditor pignus ex pactione,* « *quamvis ejus ea res non sit* ». Le curateur du *furiosus* peut donc, aux termes de la loi des XII Tables, aliéner les *res furiosi*. Et si à l'époque de Gaius le curateur légitime peut aliéner quoique non propriétaire, c'est qu'à un certain moment, dit M. Gérardin, il a été *dominus*. On lui a ensuite conservé le pouvoir bien qu'il ait perdu le droit.

Il est difficile d'expliquer autrement cette faculté d'aliéner reconnue au curateur. Certains auteurs prétendent qu'il n'y a là autre chose qu'une concession arbitraire de la loi ou de la coutume. Le procurator, le créancier gagiste, disent-ils, tiennent leur droit d'aliéner du *dominus* lui-même : pour le curateur, c'est de la loi ou de l'usage que ce droit dérive. S'il en est ainsi, le vestige que nous croyons trouver dans le fragment qui nous occupe n'est plus qu'une chimère. Voici, selon nous, la critique que l'on peut adresser à cette seconde explication. Pour assimiler ainsi le curateur au créancier gagiste et au mandataire et pour décider que le pouvoir d'aliéner est concédé à celui-là par la loi, à ceux-ci par le *dominus* lui-même, il faudrait tout au moins que les pouvoirs ainsi accordés fûssent identiques, et il n'en est rien. Sans doute le créancier gagiste, le mandataire peuvent aliéner la chose du débiteur ou du mandant. Mais par quel procédé? Par tradition, seulement, parce que c'est là un acte sans forme susceptible d'être fait par toute personne. La *mancipatio, l'in jure cessio* ne leur sont pas permises. Au contraire, le pouvoir d'aliéner du curateur *furiosi* est consacré par la loi des XII Tables; or on est d'accord généralement pour décider qu'à cette époque la tradition ne constituait pas encore un mode translatif de propriété. C'est donc que le *curator furiosi* pouvait aliéner par *mancipatio* ou *in jure cessio* la chose de l'incapable. De tels actes n'étant permis qu'au propriétaire lui-même, il est tout naturel de supposer que, dans le principe, ce curateur fut *dominus* et que le jour où il cessa de l'être, il n'en conserva pas moins un des attributs du droit de propriété.

2° Nous trouvons encore ce pouvoir de manciper

constaté dans le fragment 13, livre 40, titre 1, par le Jc. Pomponius, contemporain de Gaïus. Ce jurisconsulte suppose qu'un *furiosus* doive, aux termes d'un testament, conférer la liberté à un esclave et il examine comment le curateur de ce *furiosus* doit s'y prendre pour exécuter ce fidéicommis. Impossibilité d'affranchir directement cet esclave, car l'affranchissement ne rentre pas *in administratione patrimonii.* Nécessité alors de recourir à un moyen indirect. Ce sera un tiers auquel la propriété de l'esclave sera transférée qui l'affranchira. Le curateur aliénera donc cet esclave et cela par quel procédé ? Par tradition nous dit le texte du Digeste. Par mancipation avait certainement écrit Pomponius, car de son temps s'il y avait seulement en tradition, le tiers n'aurait acquis que la propriété bonitaire et n'aurait pas pu, par l'affranchissement, rendre l'esclave citoyen romain ; il n'aurait pu en faire qu'un latin junien. Il était de toute nécessité que le tiers devînt *dominus* et pour cela besoin était de recourir à la mancipation. Le Jc. Pomponius vraisemblablement reconnaissait implicitement au curateur le pouvoir de manciper l'esclave du *furiosus.*

Dans les deux textes que nous venons d'examiner, il est seulement parlé du *curator furiosi.* Question de savoir alors si cette faculté d'aliéner par mancipation s'appliquait aux protecteurs de tous les incapables. Il n'y a aucune raison de décider qu'il y avait là quelque chose de spécial au *curator furiosi*. Il y a tout lieu de croire, au contraire, que Gaius, dans le fragment cité plus haut, n'a voulu, donner qu'un exemple. Le pouvoir de manciper doit donc, suivant nous, être reconnu au tuteur et aussi au curateur du prodigue.

Quoiqu'il en soit, il y eut vraisemblablement un temps où les agnats tuteurs et curateurs légitimes étaient propriétaires des biens des incapables.

L'étendue que nous croyons pouvoir assigner aux pouvoirs des tuteurs et curateurs n'a rien de particulier au droit romain ; elle se retrouve dans d'autres législations. « D'après Heussler (1) le vieux droit germanique reconnaissait au tuteur un droit réel (*dingliches recht*) ; le tuteur avait les biens en sa puissance et, s'il était nécessaire d'agir contre un tiers, il les revendiquait en son nom personnel et en vertu de son droit réel ; à cette époque, la même expression servait à désigner le pouvoir du tuteur et le droit de propriété : *mundium id est dominium*, disaient de vieilles gloses sur l'Edit Lombard. Et dans les temps modernes, le droit anglais (2) qui s'est originalement développé et qui plus que tout autre a conservé la tradition, a admis, pendant de longs siècles, que le

(1) Heussler, tome II, p. 168.

(2) Bertrand, *Bulletin de la Société de Législation comparée*, 1871-72, p. 77.

tuteur était *dominus pro tempore* des biens du pupille. (1) »

Dans l'ancien droit romain lui-même, cette attribution de propriété est loin d'être un exemple unique ; il y avait de nombreux cas où des personnes étaient propriétaires non pas pour elles-mêmes mais pour autrui. Est-ce que cela n'avait pas lieu pour le dépôt et pour le gage qui s'opéraient, à l'origine, par une *mancipatio* avec pacte de fiducie ? Rien d'exorbitant à décider qu'il en était de même en matière de tutelle et de curatelle. Cette mesure offrait de sérieux avantages et répondait très bien aux nécessités de la procédure en vigueur à cette époque. Personne, dans l'ancien droit, ne pouvait plaider par procureur. On avait paré à cet inconvénient et évité aux tuteurs et curateurs la peine de faire intervenir les incapables comme ils auraient dû le faire, s'ils n'avaient été que simples administrateurs. La propriété des biens leur avait été donnée ; par conséquent, ils pouvaient exercer toutes les actions attachées au droit de propriété. Le bien était-il dérobé, le tuteur ou le curateur avait qualité pour agir sans retard contre le spoliateur. Il en était de même pour tous les actes qui auraient exigé l'intervention personnelle de l'intéressé ; le tuteur, propriétaire, était fondé à les faire lui-même.

(1) Champcommunal. — *Th. de doct.*, 1893.

§ II. — *Correctif aux pouvoirs absolus des tuteurs et des curateurs.*

Cette conception de la tutelle et de la curatelle était avantageuse, nous venons de le voir, pour les incapables dont les biens étaient plus en sûreté entre les mains de leurs agnats qu'ils ne l'auraient été entre les leurs. Elle l'était aussi pour les tuteurs et les curateurs qui pouvaient, grâce à une sage administration, réaliser des économies sur les revenus des biens dont ils avaient la garde. Mais précisément à cause de cela, n'y avait-il pas à craindre que les intérêts des personnes en tutelle et en curatelle fussent sacrifiés et que le seul but de leurs protecteurs fût de rendre le plus lucratives possible ces fonctions qui leur étaient confiées. Il pouvait sans doute arriver que la cupidité détournât les tuteurs et les curateurs de leurs devoirs. Mais il y avait à cet inconvénient un palliatif qui le faisait presque disparaître. C'était l'inaliénabilité de certains biens.

Guidée par cette même idée qui avait présidé à l'organisation primitive des deux institutions qui nous occupent et voulant affermir la puissance des familles en leur assurant intact un patrimoine, la Coutume avait déclaré inaliénable ou tout au moins aliénable sous certaines conditions une portion du patrimoine. A l'origine, la propriété des troupeaux et des terres était collective ; elle devait demeurer à perpétuité entre les membres de la *gens*. Puis vint une époque, dit M. Labbé (1), « où la propriété devenue à peu près individuelle sur la tête de chaque *paterfamilias*, divisible entre les enfants qu'il laissait pour héritiers, resta frappée d'inaliénabilité. Devenue individuelle au point de vue de l'exploitation, elle continue à être affectée par la règle de sa transmission héréditaire à l'existence, aux besoins des membres de la *gens* à laquelle elle appartenait antérieurement. Il en est ainsi tout au moins des terres distribuées par l'Etat : « *heredium* (2) *quod heredem sequeretur*. » Relativement à l'inaliénabilité de l'*heredium*, M. Cuq (3) est un peu moins affirmatif. Suivant cet auteur, l'aliénation n'en serait permise qu'en cas de nécessité.

Dans ces conditions, les pouvoirs des tuteurs et des curateurs se trouvaient réduits à la faculté d'aliéner librement certains biens sans grande valeur : l'*here-*

(1) *Nouvelle revue historique de Dr. Français et étranger*, 1887, page 4.

(2) Varron, *De re rustica*, 1. 10. « *Bina jugera quod a Romulo primum divisa viritim, quæ heredem sequerentur*, HEREDIUM *appellarunt*. »

(3) « Ce qui prouve, dit M. Cuq, qu'il n'y a pas là une inaliénabilité absolue, c'est que dès avant les XII tables le prodigue pouvait être interdit *re* et *commercio*. » *Nouv. rev. hist. de Droit*, 1886, p. 537.

dium et toutes les choses précieuses devaient être conservés. Ils ne pouvaient pas être aliénés ou tout au moins ne devaient l'être qu'à la dernière extrémité. Cette prohibition n'avait pas du reste de sanction juridique. Les tuteurs et les curateurs n'étaient tenus que moralement ; ils ne devaient pas *perfide agere*. L'un d'eux manquait-il à son devoir, il ne tombait sous le coup d'aucune disposition de la loi, l'opinion publique seule en décidait : il était mis au ban de la société et le censeur qui la représentait prononçait contre le coupable des peines de sa création.

Cet état de choses ne dura pas toujours. Il vint un temps où les biens, quels qu'ils fûssent devinrent aliénables et où le devoir moral qui liait les protecteurs des incapables fut transformé en une obligation. C'est alors qu'on songea à apporter des restrictions aux pouvoirs jadis si étendus des tuteurs et des curateurs.

CHAPITRE II

—

A l'origine la tutelle et la curatelle n'étaient que des institutions purement familiales. A la famille seule appartenait le droit de surveiller les actes des tuteurs et des curateurs. Si le tuteur ou le curateur aliénait un bien compris dans l'*heredium* que nous avons dit inaliénable, refusait de rendre des comptes ou de restituer, à l'expiration de ses fonctions, la propriété des biens, le conseil de la *gens* (1), le faisait comparaître devant lui, et lui donnait l'ordre, soit de gérer avec soin les biens de l'incapable, soit de les restituer. Faute par le coupable de se soumettre à cette décision, il était exclu de la *gens*. C'était là la seule sanction. Mais rarement il fallait recourir à ce moyen extrême ;

(1) Ihering, *Esprit du D. Romain.* (Traduction Meulenaere), t. 1, pages 194 et suiv.

la *fides* et la religion (1) seules suffisaient à assurer l'exécution des devoirs. Jamais, en effet, les obligations ne furent plus scrupuleusement respectées qu'à cette époque, où l'on considérait comme un déshonneur la négligence même à remplir ses engagements.

Cette sanction morale ne tarda pas à devenir insuffisante. Les mœurs pures des premiers temps se relâchant, la puissance publique dut intervenir. Ce qui n'était jusqu'ici qu'un manquement à l'honneur fut transformé en un délit et réprimé comme tel. La tutelle et la curatelle cessèrent alors d'être organisées spécialement dans l'intérêt collectif de la famille ; le centre de gravité de ces deux institutions fut déplacé ; désormais c'est surtout l'intérêt des incapables qui va être pris en considération. On ne parlera plus des droits des tuteurs et des curateurs mais de leurs devoirs, de leurs obligations. L'idée de protection des incapables va se développer avec le temps, et Cicéron (2) pourra dire : « *Tutela ad eorum utilitatem qui commissi sunt,* « *non ad eorum, quibus commissa, gerenda est.* »

Cette nouvelle conception de la tutelle et de la curatelle devait nécessairement avoir un effet sur l'étendue des pouvoirs des tuteurs et des curateurs. La

(1) Dans l'ancien droit le tuteur devait prêter serment (Cicéron, *De Oratore*, 1.) Justinien (nov. 72, chap. 11) rétablit le serment qui était tombé en désuétude.

(2) *De officiis*, I. 25.

liberté d'action qu'ils avaient jadis n'était plus en rapport avec le but qu'on se proposait maintenant. Laisser aux tuteurs et aux curateurs leur ancienne latitude, c'eût été, dans bien des cas, exposer les incapables à une spoliation que ni les mœurs ni le contrôle de moins en moins efficace de la *gens* n'auraient pu éviter. La loi des XII Tables avait, il est vrai, institué l'*actio rationibus distrahendis* ; elle avait donné au pupille frustré une arme contre son tuteur. Mais cette protection était bien imparfaite. Le pupille pouvait avoir intérêt à rentrer en possession du bien qu'il réclamait et l'exercice de cette action ne lui procurait qu'une somme d'argent. Le tuteur venait-il à mourir, la poursuite contre les héritiers n'était pas possible, puisque l'*actio rationibus distrahendis* était pénale. Dans ces conditions, on jugea préférable de prévenir le mal et de ne donner aux tuteurs et aux curateurs que les pouvoirs strictement nécessaires pour la bonne administration du patrimoine de l'incapable. Jadis tout leur était permis ; désormais, les donations leur seront interdites et les actes à titre onéreux ne seront valables qu'autant qu'ils rempliront certaines conditions déterminées. Ce ne sera pas là d'ailleurs les seules mesures prises dans l'intérêt des incapables : l'empereur Sévère, dans une constitution que nous étudierons en détail, et après lui les empereurs Constantin et Justinien, compléteront cet ensemble de protections.

Nous examinerons les pouvoirs des tuteurs et des curateurs spécialement avant et après l'*oratio Severi*.

SECTION PREMIÈRE

Pouvoirs des Tuteurs et des Curateurs avant l'Oratio Severi.

Tant que les tuteurs et les curateurs étaient propriétaires des biens des incapables, il ne pouvait être question en réalité que de leur capacité. Nous avons vu qu'elle était entière, si ce n'est qu'ils ne pouvaient, pas plus que les propriétaires, quels qu'ils soient, aliéner l'*heredium*. Lorsqu'on se place à l'époque où les tuteurs et les curateurs ne furent plus que des administrateurs, il y a lieu alors de se demander quels furent leurs pouvoirs, c'est-à-dire l'aptitude que leur reconnaissait la loi de faire valablement, sur la fortune des incapables, des actes que ces derniers devaient respecter et qui leur étaient opposables.

§ I. — *Actes interdits à raison de leur forme.*

Les tuteurs et les curateurs, en cessant d'être propriétaires, virent disparaître pour eux la possibilité de faire certains actes qui exigeaient l'intervention du véritable intéressé. Ainsi le tuteur ne pouvait plus faire *acceptilatio* au débiteur du pupille. Il lui était impossible désormais, du moins d'après certains auteurs, de figurer dans une *in jure cessio* pour le compte de son pupille ou de recourir à la *mancipatio* pour transférer la propriété d'un bien de l'incapable. Nous n'admettons pas cette impossibilité pour le tuteur ou le curateur d'accomplir dans ces conditions ces deux der iers actes. Nous avons en effet cité plus haut un fragment de Gaïus constatant que le *curator furiosi* peut, aux termes de la loi des XII Tables, *alienare res furiosi*. Nous avons dit que vraisemblablement Gaïus faisait allusion à l'aliénation par un procédé solennel, à la mancipation, par exemple, et nous avons admis ce même pouvoir de manciper pour le tuteur légitime. Bien entendu, l'aliénation, pour être valable, devait être faite à titre onéreux, nous le verrons plus loin.

On n'est pas d'accord non plus sur le point de savoir si le tuteur pouvait *lege agere* pour le compte de son pupille. Les doutes viennent d'un fragment des Institutes (Titre 20, livre IV) : « *Olim in usu fuisset alterius nomine agere non posse, nisi pro populo, pro libertate, pro tutela* ».

Des explications très différentes ont été fournies de cette phrase (1). Certains interprètes, arguant de ce que Gaïus, dans le passage correspondant à celui des Institutes, ne signale que les deux premières dérogations, estiment que c'est par erreur que Justinien a ajouté la troisième. D'autres maintiennent intact le passage de Justinien et en donnent des applications diverses. Théophile suppose que deux citoyens se disputent une tutelle ; celui qui succombera aura agi *alieno nomine*, car, « en fin de compte, dit-il, après le procès, il devient manifeste que celui qui a succombé a agi *alieno nomine*, puisqu'en fait il n'est pas tuteur. » Cette explication est fantaisiste et, comme on l'a fait remarquer (2), à ce compte on arriverait à dire qu'en tout procès l'une des parties agit *alieno nomine*. Zimmern (3) voit là le cas où un tuteur prétorien remplace le tuteur ordinaire. Il y a tout lieu de croire qu'il s'agit de l'hypothèse d'un tuteur qui agit lui-même parce que les circonstances sont telles qu'il ne peut donner son *autoritas* au pupille. Il faut supposer ce dernier *infans*,

(1) Voir Keller. Traduction Capmas, note 631, page 24'. (*De la Procédure civile et des actions chez les Romains.*)

(2) M. Accarias.

(3) Zimmern, § 155.

alors il ne saurait être question d'*auctoritas*. Exceptionnellement et dans ce cas seul, on avait admis que le tuteur pourrait *lege agere pro tutela*. Cette explication a le mérite d'accorder la même raison d'être aux trois dérogations signalées par les Institutes : c'est l'impossibilité pour l'intéressé de se présenter lui-même qui a fait fléchir le principe dans les trois cas. Partant de cette idée, M. Accarias constate que la même nécessité exigeait que le curateur d'un *furiosus* pût agir à la place de celui-ci et que peut-être le mot *tutela* embrassait à la fois la tutelle et la curatelle (1).

Quoiqu'il en soit, si ces actes étaient inaccessibles aux tuteurs et aux curateurs, c'était uniquement à raison de leur forme et des conditions extrinsèques requises pour leur validité. Aussi, lorsqu'il était nécessaire d'accomplir un de ces actes, le tuteur trouvait parfois dans la loi un expédient pour éluder cette impossibilité. C'est un moyen de ce genre qui nous est indiqué dans le fragment 13, § 10, livre 46, titre 4, Digeste, par le jurisconsulte Ulpien (2). Le tuteur voulait faire *acceptilatio* à un débiteur de son pupille. Nous avons dit plus haut qu'il ne le pouvait pas directement. Il était alors obligé de faire une novation à son profit. Une fois la créance passée sur sa tête,

(1) M. Accarias, *Précis du Droit romain*, page 1158.

(2) « *Tutor, curator furiosi acceptum ferre non potuit ;... sed hic omnes debent novare, possunt enim et sic accepto facere.* »

rien ne s'opposait plus à ce qu'il fît *acceptilatio* non plus au débiteur de l'incapable, mais à son propre débiteur.

Lorsqu'il y avait pluralité de tuteurs, un autre expédient permettait (dans l'opinion que nous avons combattue) à l'un des tuteurs d'aliéner par un procédé du droit civil un bien du pupille. Un tuteur se faisait manciper le bien en question par le pupille autorisé d'un autre tuteur *cujus unius auctoritas sufficiebat.* Devenu propriétaire, il pouvait opérer soit une *mancipatio,* soit une *in jure cessio.*

Tous ces moyens indirects devinrent inutiles le jour où le formalisme eut disparu complètement : les actes indiqués plus haut purent être alors accomplis librement par les tuteurs et les curateurs. Il y en eut cependant un qui resta impossible le jour où il devint un acte sans forme.

Il s'agit de l'acceptation ou de la répudiation d'une succession. Primitivement, *l'aditio hereditatis* était toujours un acte solennel. Elle ne pouvait se faire que par la « *cretio* », et la solennité des paroles qui devaient être prononcées exigeait l'intervention personnelle du pupille *tutore auctore.* D'assez bonne heure l'*aditio* était devenue un acte sans forme, elle avait pu alors se faire « *quibus cumque verbis aut re.* » Malgré ce changement *l'aditio* était restée un acte essentiellement personnel, à raison de cette idée romaine, que pour accepter une succession, il fallait y être appelé, avoir une vocation personnelle. Le tuteur ne pouvait pas *adire hereditatem verbis* et même non plus *re, pro herede gerendo,* en faisant un acte de maître sur la succession. Cette situation était dangereuse pour le pupille *infans* pour lequel il ne pouvait encore être question d'*auctoritas tutoris.* Il pouvait mourir avant d'arriver à la puberté et ses propres héritiers n'avaient aucun droit à cette succession, à cause de l'intransmissibilité de l'hérédité. Alors *utilitatis causa* on avait admis qu'un pupille *infans* aurait capacité pour faire, *tutore auctore,* acte de *pro herede gestio* (1).

Le droit prétorien avait été moins sévère et avait autorisé le tuteur à demander et à acquérir la *bonorum possessio* pour le compte de son pupille.

Enfin, bien que ces mesures soient postérieures à l'*oratio Severi,* nous devons mentionner pour compléter cette matière que la jurisprudence impériale avait donné au tuteur le pouvoir de demander pour le pupille la restitution d'une hérédité fidéicommissaire.

Le dernier pas fut fait, au Bas-Empire, par les Constitutions de 407 et 426 (2). Le tuteur d'un pupille *infans* put, dès lors, *adire hereditatem jure civili.*

(1) Paul, loi 9, Dig., *De acq. vel amitt. heredit.*

(2) *Code Theodosien,* C. 8, VIII, 8.
Code Justinien, C. 18, VI, 30.

Finalement l'acceptation d'une succession civile, fidéicommissaire et prétorienne avait donc cessé d'être un acte essentiellement personnel (1).

Quant à la répudiation, le tuteur ne put jamais la faire au nom du pupille; il ne pouvait même pas répudier une *bonorum possessio*. (Paul, Loi 8, Dig., XXXVII, 1.)

§ II. — *Actes à titre gratuit.*

Les actes que nous venons d'examiner étaient hors des pouvoirs des tuteurs à raison de leur forme; aussi rien ne s'opposait à ce que les pupilles les accomplissent avec l'*auctoritas* de leur tuteur. Il n'en est pas de même des actes à titre gratuit, que la loi interdisait dans un but de protection : inaccessibles aux tuteurs et aux curateurs, ils l'étaient aussi aux incapables eux-mêmes habilités par leurs protecteurs.

Au premier rang, nous devons mentionner les dona-

(1) Le prodigue, lui, pouvait *adire hereditatem*, avec le *consensus curatoris*, suivant une opinion, seul suivant nous (livre XXIV, titre II, loi 5, § 1er.)

Pour le *furiosus*, il y a difficulté. En tout cas, Justinien permit au curateur de demander la *B. Possessio*.

tions que la loi naturellement mit hors de la portée des tuteurs et des curateurs le jour où elle songea à restreindre leurs pouvoirs. Pour que cette prohibition eût encore plus d'effet, on décida, nous le verrons plus tard, que la sanction serait la nullité absolue, *ipso jure*. La mesure s'appliquait aussi bien aux donations entre vifs qu'aux donations *mortis causa* (1). Toute libéralité est interdite, sauf certains présents que l'usage commande (2). Le tuteur ne peut même pas « *munus nuptiale matri pupilli vel sorori mittere* (3) ».

Ce ne sont pas seulement les libéralités directes qui sont prohibées, ce sont encore tous les avantages indirects que peuvent procurer certains actes tels que la novation, la transaction, l'acquiescement à une demande en justice ou à un jugement (4). De tels actes sont nuls quand ils servent à déguiser une donation, alors qu'ils sont pleinement valables quand ils présentent le caractère d'acte à titre onéreux.

Ainsi la novation est défendue lorsqu'elle intervient dans un but de libéralité. Le tuteur a voulu, par exemple, céder gratuitement une créance de son pupille, il a fait opérer une novation *mutato creditore*.

(1) Loi 1, § 1er, Dig., liv. 27, titre 3.

(2) Loi 12, § 3, Dig., liv. 26, titre 7.

(3) Loi 13, § 2, Dig., liv. 26, titre 7.

(4) Loi 11, Code, liv. 5, titre 37.

par un tiers qu'il voulait favoriser. Cet acte est nul à l'encontre du pupille. Ou bien le tuteur avait l'intention de faire *acceptilatio* purement gratuite à un débiteur du pupille. Nous avons vu plus haut que l'*acceptilatio,* à raison de son caractère solennel, n'était pas accessible au tuteur, mais que cette difficulté pouvait être tournée grâce à une novation. Le tuteur stipulait *novandi animo* ce qui était dû au pupille et, devenu créancier, pouvait faire *acceptilatio*. Cette novation, cette *acceptilatio* étaient nulles à l'égard du pupille quand elles tendaient à une libéralité.

De même pour la transaction. Le tuteur pouvait valablement transiger avec le débiteur du pupille, lorsque la créance de ce dernier était véritablement douteuse. Mais si au contraire les droits du pupille étaient incontestables, et si néanmoins le tuteur faisait un arrangement avec le débiteur et transigeait avec lui pour une somme inférieure au montant de la créance, l'acte était nul. La convention intervenue n'était pas en réalité une transaction ; c'était une donation de la différence entre la créance réelle et la somme versée ; c'était un acte fait *diminuendi causa,* et par conséquent nul à l'égard du pupille qui n'était pas tenu de le respecter. C'est à cette situation que fait allusion Ulpien lorsqu'il dit : « *Tutoribus non concessum est diminuendi causa transigere* (1). »

(1) Loi 46, § 7, Dig., livre 26, titre 7.

C'est à cet ordre d'idées qu'il faut rapporter la défense faite au tuteur de déférer le serment à un adversaire du pupille, si ce n'est en l'absence complète de preuves (1).

La même prohibition s'applique au pacte de *non petendo*. Il est évident qu'il est du pouvoir du tuteur d'obtenir du créancier du pupille un pacte de *non petendo* (2). Mais le tuteur ne peut faire avec le débiteur du pupille un tel pacte qu'autant qu'il n'est pas à titre gratuit. C'est du moins ce qui est décidé pour le fils de famille et l'esclave (3) et nous pouvons sans grande témérité l'étendre au tuteur.

A côté da la donation, nous devons parler de l'affranchissement qui, comme elle, conduit à un appauvrissement sans compensation. C'est une destruction de valeur. Aussi, en quelque forme qu'il fût fait, l'affranchissement était-il hors des pouvoirs des tuteurs et des curateurs (4).

(1) Loi 35, pr. Dig , livre 12, titre 2.
Loi 17, § 2, — --

(2) Loi 28, § 1, Dig., livre 2, titre 14.

(3) Loi 28, § 2, Dig., livre 2, titre 14.

(4) Loi 13, Dig., livre 40, titre 1.
Loi 17, Dig., livre 27, titre 10.

§ III. — *Actes à titre onéreux.*

Si les actes à titre gratuit étaient interdits d'une façon générale, en principe au contraire les actes à titre onéreux étaient permis. La loi romaine n'ignorait pas que pour gérer utilement, il faut avoir une certaine liberté d'action. Aussi, avait-elle en cette matière laissé aux tuteurs et aux curateurs le pouvoir d'accomplir tous les actes, pourvu qu'ils satisfassent à une condition générale que nous devons maintenant déterminer.

Les tuteurs et les curateurs ne doivent avoir en vue que l'intérêt des incapables ; ils doivent mettre tous leurs soins sinon à augmenter, du moins à conserver intact ce patrimoine qui leur a été confié. Toute leur administration doit s'inspirer de cette idée. S'en éloignent-ils et cherchent-ils dans leur gestion un gain personnel, la loi intervient et déclare nuls les actes faits dans ces conditions. Au contraire le tuteur, le curateur n'a-t-il eu en vue que l'intérêt du pupille ou du *furiosus*, l'acte est pleinement valable. Le tuteur a peut-être été négligent, il a fait un acte désavantageux, dommageable même pour son pupille, peu importe ; l'acte a été fait de bonne foi, il est valable aux yeux du droit civil. Ce n'est pas à dire qu'en pareil cas le pupille soit sans ressources : il pourra agir contre son tuteur et lui demander compte en exerçant l'action *tutelæ directa*. Il pourra peut-être aussi obtenir la *restitutio in integrum*, mais, l'octroi même de ce dernier moyen en est la preuve, l'acte passé reste debout, d'après le droit civil.

Cette condition, indispensable pour la validité, est exprimée de diverses façons par les jurisconsultes. Paul nous dit que l'acte doit être fait *ad utilitatem pupilli* (1), ou bien *ad providentiam pupilli* (2), ou bien encore *bona fide* (3) ; Gaïus « *si hoc furioso vel prodigo expediat* (4) ». Toutes ces expressions sont synonymes et signifient que le tuteur doit, dans ses actes, avoir en vue l'intérêt de l'incapable, qui ne doit pas être spolié.

A cette condition, tous les actes à titre onéreux rentraient dans les pouvoirs des tuteurs et des curateurs. Ainsi, les tuteurs et les curateurs, en agissant en justice, déduisaient le droit des incapables (5) qui ne pouvaient plus réitérer l'action ; si un jugement intervenait, la chose jugée contre le tuteur ou le curateur, l'était

(1) Loi 22, Dig , livre 26, titre 7.

(2) Loi 27, Dig., livre 26, titre 7.

(3) Loi 12, § 1, Dig., livre 26, titre 7.

(4) Loi 34, § 1, Dig., livre 46, titre 2.

(5) Loi 26, Dig., livre 26, titre 7.

contre l'incapable lui-même (1). Ils pouvaient aussi recevoir paiement des créances dûes aux incapables, donner bonne et valable quittance aux débiteurs qui étaient libérés comme s'ils avaient payé entre les mains de leurs créanciers eux-mêmes (2); faire un pacte de *constitut* (3) ; obliger l'incapable par l'action *quod jussu* (4) ou par l'action *institoria* (5) ; etc...

Nous nous bornerons à citer ces quelques exemples comme application du principe, à savoir qu'avant l'*oratio Severi*, les tuteurs et les curateurs pouvaient tout faire sauf les exceptions signalées.

(1) Loi 11, § 7, Dig., livre 44, titre 2.

(2) Loi 14, § 1, Dig., livre 46, titre 3. Ce texte accorde la qualité pour recevoir le paiement même aux tuteurs honoraires à moins que le préteur ne leur ait interdit l'administration. Faut-il entendre ce texte restrictivement ou bien l'étendre aux actes d'administration autres que les paiements ?

(3) Loi 5, §§ 7, 8, 9, livre 13, titre 5.

(4) Loi 1, § 9, livre 15, titre 4.

(5) Loi 5, § 18, livre 14, titre 3.

SECTION II

Oratio Severi.

Il vint un temps où l'ensemble de mesures constitué d'une part par l'interdiction des actes à titre gratuit et des actes de spoliation et, de l'autre, par l'*in integrum restitutio*, ressource prétorienne dont nous aurons à parler plus loin, ne parut plus protéger assez énergiquement les intérêts pécuniaires des personnes en tutelle et en curatelle. Une idée nouvelle commençait à se faire jour. Les mesures répressives étant insuffisantes, on voulait préventivement soumettre les tuteurs et les curateurs, pour certains de leurs actes, au contrôle de la puissance publique.

Jusqu'alors, les tuteurs et les curateurs avaient eu le pouvoir d'aliéner à titre onéreux toute espèce de biens. Et à la condition que cette opération eût été faite de bonne foi, et ne causât aucune lésion à l'incapable, l'acte d'aliénation émané du tuteur ou du curateur était à l'abri de toute critique, aussi bien en droit civil qu'en droit prétorien. C'est ce système qu'est venu changer un sénatus-consulte rendu en 195, sur la proposition de l'empereur Septime Sévère. Désormais, une partie des biens des incapables ne pourra être aliénée qu'avec l'autorisation du magistrat.

§ I. — *Biens frappés d'inaliénabilité.*

Quels étaient exactement les biens auxquels s'appliquait la mesure édictée par l'empereur Sévère ? « *Præterea patres conscripti interdicam tutoribus* « *et curatoribus ne prædia rustica vel suburbana* « *distrahant,* » nous dit l'*oratio* qui est rapportée au Digeste, livre 27, titre 9, loi 1, § 2. Que faut-il entendre par les *prædia rustica vel suburbana ?* Plusieurs textes nous renseignent exactement à ce sujet : « *Prædium rusticum vel suburbanum ab Urbanis* « *non loco sed qualitate decernitur* (1). » Pour établir la distinction entre les différents « *prædia* » ce n'est pas à la situation des biens mais à leur nature qu'il faut s'attacher. Les *prædia urbana* (2) ce sont les

(1) C. 16, Code, livre 5, titre 71.

(2) Loi 198, Dig., livre 50, titre 16. « Urbana prædia, omnia « ædificia accipimus, non solum ea, quæ sunt in oppidis, sed etsi forte « stabula sunt, vel alia meritoria in villis, et in vicis : vel si prætoria « voluptati tantum deservientia : quia urbanum prædium non locus « facit, sed materia. Proinde hortos quoque, si qui sunt in ædificiis « constituti, dicendum sit urbanorum appellatione contineri. Plane « si peurimum horti in reditu sunt, vinearii forte, vel etiam olitorii, « magis hœc non sunt urbana. »

fonds bâtis, qu'ils soient situés à la ville ou à la campagne, les *prœdia rustica*, les fonds non bâtis, enfin les *prœdia suburbana* étaient vraisemblablement les jardins maraîchers qui se trouvaient aux abords des habitations, aux alentours des villes (1).

Les *prœdia rustica* et *suburbana* étaient, dans les idées romaines d'alors, des immeubles qui produisaient de jolis revenus et qui, par contre, n'étaient guère exposés à des causes de dégradation ni de destruction. Les *prœdia urbana*, au contraire, n'offraient pas autant de sécurité. Les baux à loyers n'étaient pas fréquents et les incendies nombreux faisaient courir de grands risques aux propriétaires de maisons. Aussi la prévoyance de Septime Sévère s'était-elle portée exclusivement sur les biens de la première catégorie. L'empereur avait voulu, en interdisant, ou tout au moins en entourant de garanties sérieuses, l'aliénation de ces biens, assurer intact un élément important du patrimoine des incapables. Il y avait un intérêt beaucoup moindre, il y aurait peut-être même eu danger à conserver les *prœdia urbana*. Aussi le tuteur, le curateur devaient-ils, à leur entrée en charge, les convertir avec les meubles et autres objets susceptibles de dépérissement en valeurs et en biens qui offraient plus de garanties.

(1) M. Gérardin, à son cours.

§ II. — *Personnes visées par le senatus-consulte.*

A quelles personnes s'adressait la prohibition? *Tutoribus et curatoribus*, dit l'*oratio* ; ce qui semblerait indiquer que tous les tuteurs et curateurs étaient visés par l'empereur. C'est là le résultat auquel on était arrivé dans l'application de la mesure, mais des doutes s'étaient cependant élevés pour quelques-uns d'entre eux. D'abord pour le père ou ascendant paternel, tuteur d'un de ses enfants. C'est du moins ce qui paraît résulter d'un texte d'Ulpien (1) : ce jurisconsulte décide qu'il est préférable qu'un tel tuteur demande l'autorisation d'aliéner au magistrat, mais que ce dernier, de son côté, doit se montrer très large pour accorder la permission. Quant aux curateurs, il y a tout lieu de supposer que le senatus-consulte ne songeait qu'aux curateurs *propter œtatem*, c'est-à-dire aux curateurs des mineurs de vingt-cinq ans, et nullement aux curateurs des fous et des prodigues. Ulpien (2) pense que ce n'est pas le texte du senatus-consulte mais bien l'esprit dans lequel il était conçu qui commandait d'appliquer la mesure à tous les curateurs.

(1) Loi 7, Dig., livre 27, titre 9.

(2) Loi 8, § 1, Dig., livre 27, titre 9.

§ III. — *Actes prohibés par le senatus-consulte.*

C'étaient les aliénations en exécution d'une vente que Septime Sévère voulait prohiber ; le mot « *distrahere* » employé dans le senatus-consulte ne s'applique qu'à ces sortes d'aliénations qui, étaient du reste les plus fréquentes et devaient particulièrement attirer l'attention du législateur. L'empereur voulait interdire aux tuteurs et aux curateurs de vendre certains biens, de les convertir en argent. Il leur enlevait sans doute la possibilité de faire de bonnes spéculations, mais il rendait impossibles les mauvaises et assurait aux incapables, nous l'avons dit, la meilleure partie de leur patrimoine.

On ne s'en tint pas là et la jurisprudence, se basant sur l'esprit du senatus-consulte, interpréta largement la prohibition. Ce que le senatus-consulte défendait c'était l'aliénation du droit de propriété, du *plenum dominium ex jure Quiritium* ; la jurisprudence n'avait pas tardé à faire rentrer dans la mesure la possession des fonds provinciaux (1), la possession de bonne foi (2), et aussi certainement la propriété bonitaire. Mais comme cette dernière sorte de propriété

(1) Loi 5, § 12, Dig., livre 27, titre 9.

(2) Loi 5, § 2, Dig., livre 27, titre 9.

n'existait plus sous Justinien, nous n'avons pas de textes qui s'y rapportent et nous en sommes réduits aux conjectures.

Les aliénations partielles consistant dans l'établissement d'un droit réel sur un *prædium rusticum vel suburbanum* furent interdites. Il fut impossible désormais de constituer ces biens en gage ou de les grever d'hypothèques (1). De même les tuteurs ou curateurs n'eurent plus le pouvoir de constituer un droit d'usufruit sur ces biens (2). L'extension, dans cette matière, se produisit aussi dans un autre sens et on fut conduit à interdire l'aliénation d'un droit d'usufruit (3) existant au profit d'un incapable sur un *prædium rusticum vel suburbanum*. Conséquence naturelle : l'aliénation indirecte devint impossible ; le droit d'usufruit ne pouvait plus être perdu par le non-usage (4), c'était décider que désormais la prescription ne courrait plus avec effet utile contre un incapable, s'il s'agissait d'un *prædium rusticum vel suburbanum*. Aussi un tuteur laissait-il s'écouler, au profit d'un possesseur, le temps nécessaire pour acquérir, par *usucapio*, un de ces biens ; l'*usucapio* ne s'accomplissait pas à l'égard du pupille.

(1) Loi 16, Dig., livre 13, titre 7.
Loi 7, § 5, Dig., livre 27, titre 9.

(2) (3) Loi 3, § 5, Dig., livre 27, titre 9. « Nec usufructus *alienari* potest. »

(4) *Eod. loc.*

Paul (1) nous dit en effet que l'*usucapio* peut être considéré comme une aliénation.

Les servitudes furent traitées de la même façon. Il fut interdit d'établir des servitudes prédiales sur un *prædium rusticum vel suburbanum* appartenant à un incapable et celles existant à son profit sur un fonds voisin ne purent désormais plus être perdues, ni directement ni indirectement (2).

En matière de legs et de fidéicommis la prohibition se fit aussi sentir. Un incapable était-il grevé d'un legs portant sur un *prædium rusticum vel suburbanum* lui appartenant, et par conséquent nécessairement fait *per damnationem*, le tuteur ne pouvait exécuter le legs qu'après avoir été autorisé par le préteur (2) ; il y avait là une aliénation interdite par le senatus-consulte. Si le *prædium* appartenait au testateur, dans le cas d'un legs *per vindicationem*, il n'y avait pas d'aliénation, la propriété du *prædium* passait directement du testateur au légataire. Et même, si le legs était *per damnationem*, l'aliénation ne tombait pas sous le coup du senatus-consulte, parce qu'elle était en réalité nécessaire, analogue à celle faite en exécution d'une obligation de l'auteur du pupille. De même un fidéicommis, portant sur un *prædium* d'un incapable, ne

(1) Loi 28, livre 50, titre 16 : « Alienationis verbum etiam usucapionem continet. »

(2) Loi 5, § 4, Dig., livre 27, titre 9.

pouvait être exécuté par le tuteur ou le curateur, qu'avec l'autorisation du magistrat.

En 261, les empereurs Valérien et Gallien (1) décidèrent que le senatus-consulte serait appliqué même aux aliénations en vertu de transaction et d'échange. Une constitution étendit la mesure à l'aliénation faite à titre de dation en paiement (2).

On était donc arrivé, dans l'application, à faire tomber sous le coup du senatus-consulte toutes les aliénations, sans distinguer en vertu de quelle cause elles étaient faites.

§ IV. — *Exceptions à l'inaliénabilité.*

Certaines dérogations étaient apportées par le senatus-consulte lui-même au principe de l'inaliénabilité :

1° La mesure édictée par le senatus-consulte n'avait pas un caractère d'ordre public bien tranché. Un ascendant d'un pupille ou d'un mineur de vingt-cinq ans pouvait soustraire à l'inaliénabilité les *prædia rustica vel suburbana* qu'il laissait à son décès. Il lui suffisait d'indiquer pour cela dans son testament ou un codicille

(1) Conston 4, Code, livre 5, titre 71.

(2) Conston 15, Code, livre 5, titre 71.

qu'il laissait au tuteur ou au curateur pleine et entière liberté pour aliéner ces biens (1). Il paraît logique d'admettre que le *parens* pouvait autoriser également la constitution d'un droit d'hypothèque sur ces biens, quoique certains auteurs aient soutenu le contraire, pensant qu'il fallait interpréter restrictivement toute disposition dérogeant à l'inaliénabilité. Faut-il aussi étendre la faculté accordée par l'*oratio* à un testateur quel qu'il soit? Nous n'avons pas de texte nous renseignant à ce sujet.

2° Si l'incapable recueille une succession qui est grevée de dettes que les biens autres que les *prædia rustica vel suburbana* ne suffisent pas à combler, le magistrat peut autoriser le tuteur ou le curateur à vendre les *prædia rustica vel suburbana* compris dans la succession (2). Mais le magistrat doit s'enquérir de l'existence réelle des dettes et ne se prononcer qu'en pleine connaissance de cause (3). Encore doit-il apprécier si l'hypothèque ne serait pas préférable à l'aliénation (4).

Une question se pose : le préteur pouvait-il accorder

(1) « Nisi ut id fieret parentes testamento vel codicillis caverint. »

(2) « Quod si forte æs alienum tantum erit, ut ex rebus cœteris non « possit exsolvi : tunc prætor urbanus vir clarissimus adeatur qui pro « sua religione estimet, quœ possint (potius) alienari obligarive « debeant. »

(3) Loi 5, § 9.

(4) Loi 5, § 10.

l'autorisation d'aliéner pour des causes autres que la nécessité de payer des dettes, ou bien encore l'aliénation était-elle toujours possible en vertu d'un décret du préteur? Au premier abord, il semble qu'on puisse le soutenir en tirant un argument *a contrario* de ce que, d'après certains fragments (1), l'aliénation ne peut avoir lieu *sine decreto*. Ne pourrait-on pas penser en effet qu'avec un décret du préteur, l'aliénation était possible dans tous les cas. Par exemple, si cette opération devait procurer un avantage évident à l'incapable. C'est là une erreur. Le fragment 5, § 14, prouve bien que c'est seulement en cas de nécessité et pour cause de dettes que le décret peut être accordé.

3° Certains actes se réalisaient sans la volonté des personnes intéressées et souvent malgré elles. C'était en quelque sorte des actes nécessaires. Les aliénations qui revêtaient ce caractère échappaient naturellement à la prohibition et étaient encore permises aux tuteurs et curateurs sans qu'il fût besoin pour cela d'un décret.

L'*oratio* nous en indique deux cas :

A. — Un *prædium rusticum vel suburbanum* était *indivis* entre un incapable et une autre personne. Le communiste demandait le partage, c'était son droit, car déjà, à Rome, nul n'était tenu de demeurer dans

(1) Loi 5, § 4 à 8, Dig.
C. 4, Code.

l'indivision. Le tuteur ou le curateur avait le pouvoir de se porter défendeur pour l'incapable (1), parce que l'aliénation qui résultait du partage, n'était pas volontaire mais bien nécessaire. Mais là se bornait son droit. Le senatus-consulte lui interdisait de demander le partage parce qu'en réalité c'était provoquer une aliénation (2).

B. — L'auteur de l'incapable avait constitué un droit de gage ou d'hypothèque sur un *prædium rusticum vel suburbanum*. Le droit ainsi acquis par le créancier gagiste ou hypothécaire ne pouvait pas lui être enlevé par la mort du débiteur, laissant pour héritier un incapable. Le tuteur ou le curateur était obligé de subir l'exercice du *jus distrahendi* qui aboutissait à l'aliénation de l'immeuble.

Voici d'autres cas d'aliénation nécessaire non prévus par l'*oratio* : un *prædium rusticum vel suburbanum* d'un incapable pouvait être frappé de gage sur l'ordre du magistrat et ensuite aliéné (4). De

(1) « Si communis res erit et socius ad divisionem provocet. »

(2) Dans le cas où les communistes étaient tous des incapables, le fonds indivis ne pouvait être partagé qu'avec un décret du magistrat. C. 17, Code 5, 71.

(3) « Si creditor qui pignori agrum a parente pupilli acceperit, jus « exequetur : nihil novandum censeo. »

(4) Loi 3, Dig., livre 27, titre 9. — C'était le *pignus ex causa judicati captum*.

même, si dans une action en revendication intentée par un tuteur, le défendeur au lieu de restituer le fonds se laissait condamner à des dommages-intérêts, il y avait là encore une aliénation nécessaire que le tuteur devait subir (1).

§ V. — *Restrictions apportées aux pouvoirs des tuteurs et des curateurs postérieurement à l'oratio Severi.*

L'*oratio Severi* ne frappait d'inaliénabilité qu'une partie du patrimoine : les *prædia rustica vel suburbana* ; les *prædia urbana* et les objets mobiliers échappaient à la prohibition. Il y avait même pour ainsi dire une obligation morale qui commandait aux tuteurs et aux curateurs de transformer ces biens en argent, soit pour acquérir des *prædia rustica vel suburbana* soit pour effectuer des placements à intérêts. Mais le jour où la situation économique de l'empire devint mauvaise, les placements mobiliers commencèrent à faire courir de grands risques aux prêteurs. Mieux valut alors conserver des capitaux ou des immeubles improductifs que de les trop exposer. Aussi l'empereur Constantin, dans une constitution de

(1) Loi 3, § 2, Dig., livre 27, titre 9.

l'an 326 (1) décida-t-il que désormais tous les biens mobiliers ou immobiliers, productifs et improductifs seraient frappés d'inaliénabilité. N'étaient exceptés que « *vestes quœ detritœ usu, seu corruptœ servan-* « *do servari non possunt; animalia quoque super-* « *vacua* (2) ».

Constantin n'avait pas compris dans sa constitution les fruits naturels ou industriels provenant des biens des incapables. Alors question de savoir si la nouvelle mesure devait leur être appliquée. La question fut controversée jusqu'à Justinien qui décida que la partie de ces fruits excédant les besoins de l'incapable pourrait être aliénée *sine decreto* (3).

Une seconde réforme de Justinien est relative aux créances. Le mode normal d'aliénation des créances, surtout dans les sociétés peu avancées, c'est le paiement. Jusqu'alors les paiements des créances appartenant aux incapables pouvaient être librement effectués entre les mains des tuteurs et des curateurs. Mais les débiteurs se trouvaient dans la nécessité de surveiller l'emploi de la somme ainsi payée, s'ils voulaient échapper à tout recours possible de la part du mineur, notamment à l'*in integrum restitutio*.

(1) Con 22, Code, livre 5, titre 37.

(2) *Eod. loc.*

(3) Con 28, § 5, Code, livre 5, titre 37.

Justinien décida (1) que désormais ces paiements ne libèreraient le débiteur qu'autant qu'ils auraient été précédés d'une homologation du tribunal. Une distinction est faite entre les créances de revenus et les créances de capitaux, qui seules étaient soumises à la nouvelle règle. Parmi les premières, néanmoins, les créances d'intérêt n'échappaient à la mesure qu'autant que les intérêts n'excédaient pas le chiffre de cent solides et n'étaient pas dûs depuis plus de deux ans.

(1) Con 25, Code, livre 5, titre 37.

(2) Con.27, Code, livre 5, titre 37.

CHAPITRE III

—

VALEUR DES ACTES FAITS PAR LES TUTEURS ET LES CURATEURS.

—

Après avoir examiné quels étaient les pouvoirs accordés par la loi aux tuteurs et aux curateurs, il est nécessaire de déterminer dans quelle limite les incapables se trouvaient liés par les actes de leurs représentants.

A. — Plaçons-nous d'abord dans le cas où les tuteurs et les curateurs ont agi dans la limite de leurs pouvoirs. Dans ces conditions, l'acte est pleinement valable et produit tous ses effets. Peu importe les conséquences qui en résulteront ultérieurement, l'acte ainsi fait, fût-il même préjudiciable, lie étroitement l'incapable. C'est là une règle qui est basée sur l'intérêt bien entendu des personnes en tutelle et en curatelle. Comme le fait remarquer le jurisconsulte Paul, à propos de la vente (1), s'il en était autrement l'administration du tuteur ou du curateur n'aurait pas d'utilité. Si la validité de l'acte dépendait du hasard de ses résultats, personne ne voudrait traiter avec les tuteurs ou les curateurs, et le crédit des incapables serait totalement anéanti.

Mais si, aux yeux du droit civil, un tel acte était inattaquable, il pouvait, lorsqu'il présentait certains caractères, être rescindé *jure prætorio* à la requête des incapables. Cette mesure, qui avait été instituée spécialement pour les mineurs de vingt-cinq ans, avait ensuite été étendue à tous les incapables.

Nous n'avons pas à rechercher les conditions exigées pour l'obtention de la *restitutio in integrum*. Disons seulement que l'incapable, pour la solliciter avec succès, devait avoir éprouvé un préjudice résultant de l'acte lui-même et non pas d'un cas fortuit (2), et bornons-nous à examiner la question de savoir si c'était là un « *extremum subsidium* », autrement dit si l'incapable ne pouvait y avoir recours qu'après avoir, au moyen de l'action *tutelæ directa*, demandé compte à son représentant de sa négligence et s'être fait indemniser par lui. La majorité des auteurs pense qu'il en était ainsi. Cependant il y a un texte (3) qui montre nette-

(1) Loi 12, Dig., livre 26, titre 7.

(2) D'après Ulpien (loi 7, § 8. De min. quinq. ann.) le manque de gain (*lucrum cessans*) suffirait dans certains cas.

(3) Con 3, Code, livre 2, titre 25 : « Licet personali actione a tutore

ment qu'au temps de Dioclétien la *restitutio in integrum* avait cessé, au moins dans certains cas, d'être une ressource subsidiaire. M. Accarias (1) fait une distinction : « La restitution ne sera pas admise, si elle ne « présente pour le mineur aucun avantage particulier; « elle le sera, au contraire, lorsqu'elle donnera une « plus pleine satisfaction à ses intérêts. Deux exemples « vont me faire comprendre : Un tuteur a touché un « payement au nom de son pupille, puis il a dissipé « l'argent. La *restitutio* aurait pour conséquence d'im- « poser au débiteur un second payement. Or qu'importe « au pupille de recevoir l'argent de son débiteur ou « celui du tuteur ? Il devra donc se contenter de « l'action de tutelle. Si au contraire nous supposons « une aliénation mal faite, ne pourra-t-il pas, à l'in- « demnité qu'il a le droit d'exiger de son tuteur, préfé- « rer le recouvrement de son bien ? Dans ce but l'*in* « *integrum restitutio* lui sera accordée, car l'action « *directa tutelœ* n'aboutirait qu'à une satisfaction « pécuniaire ». Cette distinction n'est nullement mentionnée dans les textes et nous croyons préférable de décider que l'incapable avait, dans tous les cas, le choix entre les deux voies de recours.

« vel curatore jus suum consequi possint, in integrum tamen « restitutionis auxilium eisdem minoribus dari jampidem placuit. » Sic. Con 5, eod. tit.

(1) Précis de Dr. Romain, p. 447.

B. — Nous allons supposer maintenant que le tuteur ou le curateur a outrepassé ses pouvoirs.

Il a fait, par exemple, une donation. Un tel acte, nous l'avons vu, ne pouvait nuire en aucune façon à l'incapable. « *Donationes pupillo non nocent* (1). » Comment faut-il entendre exactement cette régle ? La donation pouvait se faire de plusieurs façons : d'abord *datione;* le tuteur avait voulu, *donationis causa*, transférer la propriété d'un bien du pupille à un tiers. La tradition ainsi faite laissait la propriété au pupille qui pouvait revendiquer son bien entre les mains de quelque personne qu'il se trouvât. La tradition était nulle et pourtant cet acte n'exigeait pas pour sa validité de cause effective et réelle. Il y avait là une dérogation à la règle et cela dans le but d'accorder à l'incapable une protection plus énergique que celle qui aurait résulté de l'exercice d'une simple action personnelle. *Promissione*, le tuteur s'obligeait *verbis*, par exemple, avec l'intention de constituer son pupille donateur. L'engagement personnel pris par le tuteur était valable, il devait exécuter sa donation, mais celle-ci ne nuisait pas à l'incapable en ce sens qu'à la fin de la tutelle, le tuteur ne pouvait pas faire figurer à son avoir la somme qu'il avait donnée; la charge de la dette demeurait donc à son compte. Enfin la donation pouvait se faire *liberatione :* l'incapable avait un droit

(1) Paul, loi 22; Dig., livre 26, titre 7.

de créance, le tuteur ou le curateur avait voulu, par le moyen détourné indiqué plus haut, faire remise au débiteur. Nous avons vu que l'*acceptilatio* et la novation auxquelles il avait dû recourir étaient nulles.

Voilà dans quel sens nous avons dit que la donation des biens des incapables, faite par le tuteur ou le curateur, était frappée de nullité absolue.

Il en était de même des actes de spoliation. Un tuteur avait *mala fide*, c'est-à-dire dans son propre intérêt et non dans celui du pupille, vendu et livré une chose de ce dernier. L'aliénation était nulle, l'incapable conservait le droit de propriété et pouvait intenter la revendication (1).

C'était aussi une nullité *ipso jure* qui frappait l'aliénation faite par le tuteur ou le curateur sans décret du magistrat ? L'incapable, comme dans le cas de la donation ou de l'acte de spoliation, avait une action *in rem* qui lui permettait de revendiquer le *prædium* entre les mains de toute personne (2). Et même lorsqu'un décret était intervenu, l'incapable avait encore le droit d'agir, si la religion du prêteur avait été surprise (3). Il n'y avait à cela qu'une seule

(1) Loi 12, § 1, livre 26, titre 7. « Si mala fide alienatio non valet. »

Sic. loi 5, §§ 2 et sts, livre 26, titre 8.

(2) Con 15 et 16, Code, livre 5, titre 71.

(3) Loi 5, § 15, Digeste, livre 27, titre 9.

réserve : l'incapable ne pouvait pas, par l'exercice de cette action, se procurer un enrichissement injuste. Il pouvait arriver, par exemple, que l'acquéreur d'un *prædium* ait versé son prix d'acquisition entre les mains des créanciers de l'incapable. Devant cette preuve, ce dernier devait s'abstenir, et, s'il persistait dans sa prétention, il était repoussé par l'exception du dol (1).

Les donations, les aliénations prohibées par le senatus-consulte étaient frappées de nullité absolue, et cependant elles étaient, comme les actes atteints seulement de nullité relative, susceptibles de ratification de la part de l'incapable devenu capable. Ratification expresse, d'abord ; et aussi ratification tacite résultant de l'expiration d'un certain délai. Les biens qui, durant l'incapacité de leur propriétaire, étaient imprescriptibles, cessaient de l'être le jour où la tutelle ou la curatelle prenait fin. L'acquéreur d'un de ces biens pouvait, s'il réunissait toutes les conditions requises, en devenir propriétaire, par l'accomplissement de l'*usucapio* ou de la *longi temporis præscriptio*. Justinien modifia (2) le délai accordé pour demander la nullité de l'aliénation faite au mépris de l'*oratio* ou de la disposition de Constantin ; il décida que si l'incapable, devenu capable, ou ses héritiers laissaient passer cinq ans sans se

(1) Con 3, Code, livre 5, titre 74.

(2) Con 3, Code, livre 5, titre 74.

plaindre, l'aliénation ou l'hypothèque serait confirmée et vaudrait comme si elle avait été faite régulièrement. Cette mesure s'appliquait seulement aux aliénations prohibées par l'*oratio Severi* ou la constitution de Constantin et laissait les donations sous le coup de l'ancienne règle.

DROIT FRANÇAIS

—

DE LA

RÉPRESSION DES FAUSSES INDICATIONS

RELATIVES AUX LIEUX

DE FABRICATION & DE PRODUCTION

INTRODUCTION

Les fabricants et les commerçants, par la perfection de leurs procédés de fabrication et la loyauté dans leurs relations avec les acheteurs, arrivent à donner à leur nom une notorieté qui constitue une véritable propriété. « Est-il, en effet, une propriété plus sacrée, disait le rapporteur de la loi de 1824, que le nom d'un fabricant qui, par un travail assidu, une conduite sans tache et des découvertes utiles, s'est placé honorablement parmi les bienfaiteurs de son pays et les créateurs de son industrie ? S'il est glorieux de porter des noms illustres dans la carrière des armes, de la magistrature, de l'administration, il est pareillement honorable de consacrer le sien par de grands services rendus à l'industrie, une des principales sources de la richesse et de la prospérité d'un État. » Aussi la loi de 1824 réprime-t-elle sévèrement les atteintes dont cette propriété peut être l'objet.

Ce qui est vrai des individus, l'est aussi des villes ou des contrées. Certaines d'entre elles, grâce à la qualité et à la nature des produits qui y sont fabriqués ou qui en proviennent, peuvent acquérir une réputation qui appartient collectivement et exclusivement à leurs habitants. Il y a là en quelque sorte une propriété commune, tout aussi respectable que la propriété individuelle. La sollicitude du législateur devait s'appliquer à entourer cette propriété de toutes les garanties nécessaires. Il importait avant tout d'empêcher que des produits étrangers à un lieu puissent, à la faveur d'une indication mensongère, usurper la renommée de ce lieu et jeter en même temps un discrédit sur ses produits. La répression de ces fraudes était commandée à la fois par l'intérêt de l'industrie et du commerce et par l'intérêt du consommateur, qui se trouvait lésé par de pareilles tromperies. Bien souvent, en effet, l'acheteur est incapable de se rendre compte de la valeur de l'objet qu'on lui présente. La plupart, alléchés par une mention inexacte, se laissent tromper indignement sur l'origine et par suite la qualité des produits qu'ils achètent.

Le but que le législateur doit atteindre est double : Protéger d'abord les fabricants ou les producteurs d'une localité ou d'une région contre les fraudes tendant à usurper le nom de cette localité ou de cette région ; protéger en même temps le consommateur contre les fausses indications de provenance.

C'est ce qui est nettement indiqué dans la première mesure que nous ayons à signaler, relativement à la protection du lieu de fabrication. Il s'agit des lettres par lesquelles, en avril 1339, Philippe VI permet aux drapiers de Châlons d'apposer sur leurs produits « un signet de plon, » destiné à les distinguer de ceux des autres fabriques. « Plusieurs de nostre royaume et « dehors estoient entrepris de contrefaire leurs draps « et les vendoient pour draps faits de Chaalons, de « laquelle fraude et malice le peuple et les bonnes « gens qui les achetaient pour leurs usages et cru- « doient avoir vrais draps de Chaalons, avoient été « gravement dommagiez et baretez, quand ils trou- « voient la fausseté de petite durée en vieux draps faus « et contrefaits et que pour ce la dite drapperie estoit « moult avalée et diffamée et que si petit y faisoit l'en « de draps à présent, car pou trouvait-on qui les « acheptast, pour la dite contrefaçon et diffame et « qu'il convenoit la dite drapperie venir au neent, se « remede n'y estoit mis convenable briefvement. »

De nombreuses dispositions de ce genre ont été édictées dans l'ancien droit. C'est ainsi que le 26 octobre 1666 des statuts furent accordés à la fabrique de drap de Carcassonne. La peine du carcan pendant six heures devait être infligée à ceux qui apposeraient sur leurs draps une marque d'une ville autre que celle où ils avaient été fabriqués. Nous devons signaler également un arrêté du 7 germinal an X autorisant la manufacture nationale de bonneterie orientale d'Orléans à mettre sur les envois qu'elle faisait à l'étranger un cartouche spécial. C'était un cachet de garantie dont l'imitation exposait le contrefacteur aux poursuites de la manufacture d'Orléans.

Ce qui caractérisait ces premières mesures destinées à protéger le lieu de fabrication, c'est qu'elles étaient spéciales à certaines villes et à certaines fabrications. Bien des industries échappaient à la protection, qui ne devint générale qu'avec le décret du 23 germinal an XI (1803). Ce décret confère d'abord à tout fabricant le droit à une marque personnelle et locale, et en même temps il attache à la contrefaçon de cette marque la peine du faux en écriture privée avec dommages-intérêts. Mais il ne s'occupe pas exclusivement de la marque individuelle des fabricants, il vise aussi le cas où, sans contrefaire la marque ni usurper le nom d'autrui, et en employant son propre nom, on ne falsifie ou ne simule que le nom du lieu de fabrication. Ce qui le prouve, c'est la rédaction même de l'art. 13 du décret : « La « marque sera considérée comme contrefaite quand on « y aura inséré ces mots : *façon de...* et à la suite le « nom d'une *autre ville.* »

Cette disposition, qui fut confirmée et modifiée, seulement quant à la peine, par l'art. 143 (1) du Code pénal,

(1) L'art. 143 punit de réclusion quiconque aura contrefait la

encourait de graves reproches. Elle avait d'abord le tort d'assimiler au crime de faux le fait d'apposer sur une marchandise la mention d'une ville où cette marchandise n'a pas été réellement fabriquée. En punissant ce fait d'une peine afflictive et infamante, on avait établi une pénalité vraiment trop sévère, à laquelle les personnes lésées hésitaient à recourir, tant il est vrai que toujours « la peine doit être proportionnée au délit, et « qu'il est un sentiment naturel, plus fort que l'intérêt « personnel et antérieur à toutes les lois, qui repousse « tout ce qui ne paraît pas juste (1) ».

Cet excès dans la pénalité amena une réaction. Des villes demandèrent pour certaines industries des mesures moins sévères. Ainsi un décret du 22 décembre 1812 établit une marque particulière pour les savons à l'huile d'olive fabriqués à Marseille, et décide, dans son art. 3, que « tout particulier, établi dans une « ville autre que Marseille, qui versera dans le com- « merce des savons revêtus de la marque spéciale à « cette ville sera puni, pour la première fois, d'une « amende de 1.000 francs ; en cas de récidive, cette « amende sera double ; les savons seront en outre con- « fisqués ». Un autre décret, du 25 juillet 1810, avait donné, à la ville de Louviers, la lisière jaune et bleue

marque d'un établissement particulier de banque ou de commerce ou aura fait usage de ces marques contrefaites.

(1) Rapport de M. Chaptal à la Chambre des Pairs.

pour distinguer ses draps de ceux des autres villes, et punissait la contrefaçon de cette lisière d'une amende de 3.000 francs, et du double en cas de récidive. Il y avait là un ensemble de pénalités mieux proportionnées avec les délits qu'elles réprimaient. Mais un décret du 22 décembre 1812, qui admit toutes les manufactures de draps à solliciter une lisière particulière, décide, art. 4, que tout contrefacteur sera puni conformément à ce qui est dit pour les marques particulières. C'était un retour au décret de l'an XI dont nous devons signaler un deuxième inconvénient.

Le décret de l'an XI donnait une définition exacte de la contrefaçon. Il spécifiait à quels signes on la reconnaîtrait. Les juges étaient alors liés par les termes mêmes de la loi : la contrefaçon ne pouvait résulter que de l'emploi de l'expression : *façon de...*, jointe au nom d'une autre ville. Aussi était-il facile d'éviter toute pénalité en employant des mots non prévus par la loi, tels que : à *l'instar de, fabrique de...* Il y avait là une faute du législateur ; des scandales nombreux en furent la conséquence. « Des fabricants apposaient des marques frauduleuses où le nom de Louviers avait été amené sous un prétexte, par exemple comme le nom d'une rue dans leur propre ville, et des marchands, au moyen de cette complicité, altérant ou coupant sur le drap les mots artificiellement arrangés pour leur donner un sens innocent en apparence, y faisaient apparaître le nom seul de Louviers, comme marque du lieu de fabrication (1) ».

Le décret de l'an XI avait manqué son but. En établissant des pénalités trop sévères, et surtout en définissant la contrefaçon, il avait donné naissance à de nombreux abus. La fraude régnait alors en maîtresse. On en était arrivé à annoncer, dans des circulaires imprimées, qu'à tel endroit se vendaient des draps sur lesquels on apposait la marque du lieu qui plaisait à l'acheteur. De tels agissements étaient contraires à la bonne foi et à la loyauté qui doivent être la loi des affaires ; ils étaient en même temps préjudiciables à notre industrie nationale qui avait vu se fermer pour elle un grand nombre de marchés étrangers. Il était temps de mettre fin à cet état de choses : ce fut en partie l'œuvre de la loi de 1824.

Cette loi distingue la contrefaçon de marque et la contrefaçon de nom qui étaient confondues jusqu'alors par le décret du 22 germinal an XI et comprises ensemble dans les termes vagues de l'art. 142 du Code pénal. Elle ne s'occupe que de la contrefaçon du nom, soit du fabricant, soit du lieu de fabrication, et la punit comme un simple délit, tandis qu'elle laisse sous l'empire de l'art. 143 du Code pénal la contrefaçon de marques qui continue à être traitée comme un crime.

(1) Rapport de M. Chaptal.

Pourquoi cette différence ? L'usurpation d'une marque serait-elle plus grave, aux yeux du législateur, que l'usurpation d'un nom ? On ne saurait sérieusement le soutenir. Ces deux faits méritent une égale répression et il est difficile de trouver la raison pour laquelle la loi de 1824 a laissé de côté la contrefaçon des marques qui a été plus tard l'objet de la loi du 23 juin 1857.

La loi de 1824 sera la base de notre étude. Nous déterminerons quelle était exactement la portée primitive de cette loi, pour montrer ensuite l'extension que lui a donnée la jurisprudence. Après avoir passé en revue les principales dispositions de cette loi, nous expliquerons comment elles ont été modifiées, d'abord par l'art. 19 de la loi de 1857 et ensuite par l'art. 15 du tarif des douanes de 1892.

Dans une deuxième partie, nous étudierons les conventions internationales en ce qui concerne la répression des fausses indications de provenance. Nous exposerons ensuite les dispositions des législations étrangères relatives à notre sujet.

Enfin nous terminerons notre étude par une critique sommaire du projet de loi actuellement soumis aux Chambres.

PREMIÈRE PARTIE

CHAPITRE PREMIER

LOI DU 28 JUILLET 1824.

La loi de germinal an XI, dans la confusion qu'elle faisait entre la contrefaçon d'une marque et la supposition de nom, ne s'expliquait pas bien clairement sur la protection du nom de lieu. La loi de 1824 est venue faire le jour sur ce point : elle assimile nettement l'usurpation du nom de lieu à l'usurpation du nom commercial et décide (article 1er) :

« Quiconque aura, soit apposé, soit fait apparaître par « addition, retranchement ou par une altération quel« conque sur des objets fabriqués, le nom d'un fabri« cant autre que celui qui en est l'auteur, ou la raison « commerciale d'une fabrique autre que celle où lesdits « objets auront été fabriqués, ou *enfin le nom d'un « lieu autre que celui de la fabrication*, sera puni

« des peines portées en l'art. 423 du Code pénal, sans « préjudice des dommages-intérêts s'il y a lieu.

« Tout marchand, commissionnaire ou débitant quel- « conque sera passible des effets de la poursuite « lorsqu'il aura sciemment exposé en vente ou mis en « circulation des objets marqués de noms supposés ou « altérés (1). »

§ I. — *Sphère d'application de la loi de 1824.*

Avant d'étudier les dispositions de la loi de 1824, il est nécessaire de déterminer quelle était exactement, dans la pensée du législateur, la sphère d'application de cette loi. Quels étaient les produits visés par l'art. 1er? C'est là une question qui a donné lieu aux plus vives controverses et dont la solution doit être cherchée dans les travaux préparatoires de la loi.

Les rapports faits à la Chambre des Pairs et à la Chambre des Députés, aussi bien que l'exposé des motifs, indiquent clairement, à notre avis, que la portée

(1) L'art. 2 et dernier de la loi est ainsi conçu : « L'infraction « ci-dessus mentionnée cessera en conséquence, et nonobstant l'art. 17 « de la loi du 12 avril 1803 (22 germinal an XI), d'être assimilée à la « contrefaçon des marques particulières prévue par les articles 142 « et 143 du Code pénal. »

de la loi n'était pas aussi grande que la plupart des auteurs, et ensuite la jurisprudence, l'ont prétendu. Il semble que le législateur se soit appliqué à répéter des expressions destinées à montrer qu'il ne s'agit, dans la loi, que des produits de l'industrie manufacturière. C'est ainsi que, dans l'exposé des motifs présenté à la Chambre des Députés, nous lisons : « La réputation des produits *fabriqués* est pour le *manufacturier* une véritable propriété que la loi garantit. » « Les dispositions de la présente loi n'étaient pas moins conseillées par l'expérience que réclamées par nos *villes manufacturières.* » — Les mêmes termes se retrouvent dans le rapport fait à la Chambre des Députés : « Si l'*industrie* contribue à la richesse des Etats, elle contribue aussi à la fortune du *manufacturier* et la réputation des *objets fabriqués* est pour lui une véritable propriété que la loi doit garantir. » De plus, dans les exemples donnés à la Tribune, il n'est question que des *draps* de Sedan, de Louviers, d'Elbeuf, et des *soieries* de Lyon. Enfin, dans la discussion à la Chambre des Députés, le rapporteur, questionné à ce sujet, déclara que la loi s'appliquait à tous les *produits manufacturés* et devait garantir toutes les parties de cette industrie, aussi bien l'orfèvrerie, la bijouterie et l'horlogerie que les tissus.

Il résulte, à notre avis, de tous ces passages que la loi de 1824 ne devait s'appliquer qu'aux produits de l'industrie manufacturière. Nous croyons qu'il n'a pas été dans l'idée du législateur de protéger les autres industries : agricole et extractive. Pourquoi? Nous n'en savons rien. Nous déplorons même que la loi ait fait cette distinction qui, rationnellement, ne saurait s'expliquer. L'usurpation d'un nom de lieu appliqué à des produits agricoles, par exemple, aurait dû évidemment constituer un délit, exactement comme l'usurpation d'un nom apposé sur des produits manufacturés.

La doctrine et la jurisprudence ont voulu complèter la loi sur ce point et faire disparaître cette distinction. Elles n'en avaient pas le droit. La loi de 1824 est une loi pénale et, comme telle, doit être interprétée restrictivement, suivant les principes généraux du droit.

§ II. — *Extension donnée à la loi par la doctrine et la jurisprudence.*

La loi de 1824, nous venons de le voir, ne visait que les produits de l'industrie manufacturière; elle laissait impunie la tromperie sur la provenance des autres produits (1) Il y avait là un état de choses regrettable que l'on s'est efforcé de faire disparaître en partie en donnant au mot « fabriqué » employé par l'art. 1, un sens

(1) Nous verrons plus loin que les personnes lésées par les tromperies de ce genre n'étaient pas cependant sans ressources.

plus étendu que celui qu'il avait dans la pensée du législateur et en assimilant aux produits fabriqués une foule d'autres produits qui n'auraient jamais dû être considérés autrement que comme des produits naturels.

On a poussé cette extension jusqu'à l'extrême, en proposant un *criterium* pour reconnaître dans quel cas un produit est fabriqué. Il y a fabrication, dit-on, toutes les fois que le travail de l'homme intervient soit pour préparer, faciliter ou améliorer la production, soit pour préparer ou améliorer le produit lui-même. Ainsi les céréales qui exigent, de la part de l'homme, un travail préliminaire pour préparer la terre à les produire et, après leur maturité, une série d'opérations : fauchage, battage, etc., seraient des produits fabriqués. C'est d'ailleurs ce que soutient M. Rendu (1) : « Ce « n'est pas donner aux mots une extension abusive que « de considérer comme une fabrication réelle, l'indus- « trie de l'agriculture qui donne aux produits de la « terre leur qualité et, partant, leur valeur vénale. » Nous n'admettons pas cette théorie, ni le *criterium* proposé ; car, à vrai dire, il n'y aurait plus alors de produits naturels. Il n'existe pas en réalité de production sans travail de l'homme. On ne pourrait guère citer que les truffes ou les produits minéraux (eaux thermales, asphaltes, ardoises, etc.), et peut-être soutiendrait-on,

(1) M. Rendu, n° 400.

avec la théorie que nous combattons, que l'opération qui consiste à les tirer, à les extraire de la terre, en fait des produits fabriqués. On a, à notre avis, détourné le mot « fabriqué » de sa véritable acception, en même temps qu'on a donné à la loi de 1824 une extension contraire aux règles du droit.

Pour la même raison nous pensons que c'est à tort que la jurisprudence, après bien des hésitations il est vrai, a accordé aux vins le caractère de produits fabriqués. La Cour de cassation a consacré cette doctrine les 12 juillet 1845 et 8 juin 1847 (1). Pour soutenir que le vin n'est pas un produit naturel, il faut être ou bien étranger aux pays de vignobles ou bien intéressé à la question. C'est ainsi que les négociants de Saumur ont toujours soutenu, dans les procès à eux intentés par les négociants de la Champagne, que le champagne était un vin fabriqué et que ce mot désignant un procédé de fabrication, ils étaient fondés à qualifier ainsi les vins de l'Anjou. La Cour de Paris (18 novembre 1892) a fait bon marché de ces prétentions et a décidé que seul le vin récolté et fabriqué (nous disons manutentionné) en Champagne avait droit au nom de champagne qui désigne *principalement* le lieu d'origine.

(1) *Sic.* C. de Paris, 30 décembre 1854. Pataille, 56, 352.
C. de Bordeaux, 22 juillet 1885. Pataille, 85, 346.
Trib. de Versailles, 23 février 1888. Pataille, 88, 349.
C. d'Angers, 11 avril 1889. Pataille, 89, 226.

N'est-ce pas reconnaître implicitement au lieu de la récolte une importance capitale et considérer comme tout à fait secondaire la manutention que l'on fait subir au vin avant de le livrer à la consommation? Ces opérations sont en effet basées essentiellement sur l'utilisation ingénieuse des forces naturelles : la mousse et le bouquet, ces qualités si appréciées du vin de Champagne, ne sont nullement artificielles ; elles sont empruntées par le produit à la contrée même dans laquelle il naît. Si nous insistons de la sorte sur ce point, c'est qu'il y a là un fait qui, malheureusement, est trop souvent méconnu, et qu'il importe de bien préciser, dans l'intérêt même de notre pays, à la prospérité duquel la Champagne contribue pour une large part.

Nous nous refusons également à ranger le café dans les produits visés par la loi de 1824. La Cour de Paris, dans un arrêt en date du 23 juillet 1887 (1), a décidé que si le café n'est pas un produit fabriqué, le choix d'une ou plusieurs espèces, le mélange dans des proportions voulues et le soin spécial apporté à la conservation de la denrée elle-même peuvent constituer un produit d'une nature particulière que le législateur de 1824 a entendu protéger, quelle que soit l'expression dont il s'est servi. Il y a là encore, à notre avis, une application abusive de la loi de 1824.

(1) Pataille, 88, 99.

§ III. — *La loi de 1857 a-t-elle modifié la portée de la loi de 1824?*

Plusieurs auteurs ont prétendu qu'en présence des termes de l'art. 20 de la loi de 1857, qui déclare applicables les dispositions de la dite loi « aux vins, eaux-de-vie et autres boissons, aux bestiaux, grains, farines et généralement à tous les produits de l'agriculture », on ne devait pas hésiter, au moins depuis 1857, à comprendre les produits agricoles dans les expressions : objets fabriqués, employées par la loi de 1824. C'est l'opinion de M. Pouillet (1). Nous ne pensons pas que la raison donnée soit décisive. De ce que la loi de 1857 met sur la même ligne les produits naturels et les produits industriels, il n'en résulte pas nécessairement que la loi de 1824 en ait fait de même. Comme le remarque très justement M. Lyon-Caen (2), c'est une erreur de dire que la loi de 1857 vaut ici comme interprétation de la loi de 1824. Ces deux lois ont des objets très différents : celle de 1824 concerne le nom commercial, celle

(1) N° 424.

(2) Sirey, 82, 2. 201. Note.

de 1857 la marque emblématique. Le législateur de 1857 aurait certainement pu insérer dans sa loi des dispositions complétant la loi de 1824 ; il ne l'a pas fait ; on n'est pas autorisé à faire ce que le législateur lui-même n'a pas voulu faire.

On pourrait se demander si la Convention de 1883 a modifié, dans les rapports entre la France et les Etats contractants, la portée de la loi de 1824. L'article premier du protocole de clôture de cette convention décide en effet que « les mots « propriété industrielle » s'appliquent non seulement aux produits de l'industrie proprement dite, mais également aux produits de l'agriculture (vins, grains, fruits, bestiaux, etc.) et aux produits minéraux livrés au commerce (eaux minérales), etc. » Question de savoir alors si un industriel étranger, invoquant la convention de 1883, pourrait demander en France l'application de la loi de 1824 pour des produits naturels ? Nous ne le croyons pas. L'art. 1 du protocole de clôture a seulement pour but de renseigner sur l'interprétation que l'on doit donner aux mots « propriété industrielle » contenus dans le texte de la convention. C'est ainsi, par exemple, que les art. 9 et 10 devront évidemment s'appliquer aussi bien aux produits naturels qu'aux produits industriels. Mais il n'a pas eu, à notre avis, pour effet d'étendre le domaine d'application de la loi de 1824 dans les rapports internationaux. A plus forte raison, n'admettonsnous pas la théorie de certains auteurs (1) qui enseignent que « la convention de 1883, ayant force de loi en France, peut être invoquée par nos nationaux entre eux, aussi bien que par les citoyens de tous les Etats signataires, et qu'il en résulte que la loi de 1824 s'applique aux produits agricoles et minéraux aussi bien qu'aux produits fabriqués proprement dits. » C'est une erreur. Une convention internationale ne saurait modifier une loi nationale que dans les rapports entre les Etats contractants. Nous avons dit que, même dans cette limite, la convention n'avait pas modifié la portée de la loi de 1824.

Nous concluons de cette discussion que, même après 1883, la loi de 1824 ne s'appliquait strictement qu'aux seuls produits de l'industrie manufacturière, aux produits fabriqués proprement dits. Les fausses indications relatives aux autres produits n'étaient l'objet d'aucune mesure. Le législateur aurait été obligé de rémédier depuis longtemps à cet état de choses, si la jurisprudence n'avait, par une extension abusive de la loi, fait cesser en partie cet inconvénient. C'est seulement dans le projet de loi actuellement soumis au Sénat, que le lieu de production est mis, dans un texte de loi, sur le même rang que le lieu de fabrication.

(1) Maunoury, page 376.
Pouillet et Plé, *Commentaires de la Conv.* de 1883.

§ IV. — *Qu'est-ce que la loi de 1824 entend par lieu de fabrication? — Fabrication complexe.*

La loi de germinal, an XI, ne protégeait que les noms de villes ; la loi de 1824 est venue la compléter sur ce point et, en employant l'expression « nom de lieu », a assuré une protection beaucoup plus générale. Ce ne sont pas seulement les villes, mais les régions et même les pays qui peuvent se prévaloir de la loi de 1824.

Des difficultés peuvent s'élever sur la limite à assigner au lieu de fabrication. Notamment, on peut se demander si les fabricants établis dans l'enceinte limitée d'une ville de fabrique ont seuls le droit d'apposer le nom de la ville sur leurs produits, ou bien, au contraire, si cette faculté doit être reconnue aux fabricants installés dans la banlieue. Le rapporteur de la loi à la Chambre des Députés posait lui-même cette question et exprimait le vœu « que le Gouvernement s'occupât de préciser, par des dispositions réglementaires, les conditions qui donnent droit aux fabricants d'apposer le nom de tel ou tel lieu et de participer en conséquence à l'avantage de la réputation collective de ces produits. » Une telle réglementation se serait heurtée à des difficultés insurmontables ; aussi ne l'a-t-on pas tentée.

On a cru plus sage, et avec raison, de s'en rapporter entièrement sur ce point à la sagesse des tribunaux. C'est là une pure question de fait qui ne peut être tranchée que par les juges de l'endroit. Ils ont en la matière un pouvoir d'appréciation souverain, qui échappe même au contrôle de la Cour suprême (1).

Il n'y a pas de règle précise à formuler à ce sujet. On a prétendu cependant que l'*usage* pouvait étendre le nom d'un lieu ou d'une ville à une certaine région et faire bénéficier par suite les fabricants de cette région de la faculté d'apposer le nom du lieu ou de la ville sur leurs produits. Plusieurs jugements ont été rendus en ce sens (Paris, 3 juin 1859 (2); — Aix, 27 mai 1862 (3). Nous n'admettons pas de semblables décisions et nous ne reconnaissons pas à l'usage le pouvoir de conférer, dans ces conditions, le droit à la protection de la loi de 1824. De ce que certains fabricants ont pu, pendant un certain temps, usurper, sans être inquiétés, le nom d'un lieu, il n'en résulte pas nécessairement que ce fait ait cessé d'être un délit. Les habitants du lieu ainsi usurpé conservant toujours intact leur droit de poursuite, leur silence momentané ne saurait le leur enlever.

Nous serions portés à n'autoriser le fabricant de la

(1) Cassation, 2 juillet 1888; Pataille, 88, 344.

(2) Pataille, 59, 216.

(3) Pataille, 63, 328.

banlieue à se servir du nom de la ville, que s'il est bien démontré que ce n'est pas dans une intention frauduleuse que ce fabricant s'est établi à proximité de cette ville : pour pouvoir, par exemple, grâce à la renommée de la ville, écouler des produits différents quant à la nature et à la qualité de ceux qui y sont fabriqués (1). Au contraire il serait injuste, comme le faisait remarquer M. Chaptal, « de défendre aux fabricants, qui, faute de place dans l'enceinte de Sedan, ont dû s'établir dans la banlieue, de se servir du nom de cette ville pour l'apposer sur leurs produits ». Il y a là évidemment une question de bonne foi à considérer.

Fabrication complexe. — Une autre difficulté se présente dans le cas où le produit est soumis successivement à plusieurs opérations qui se font dans des endroits différents. Ainsi, la soie, qui est filée en Chine, est tissée à Vizille, puis teinte à Lyon. Le minerai d'acier, tiré de Silésie, est fondu dans le Jura et transformé en couteaux à Châtellerault. Dans ces conditions quel est le lieu de fabrication protégé par la loi ? Certains auteurs (2) pensent qu'en général c'est l'endroit où a lieu la dernière opération, avant que le produit

(1) Le Trib. corr. de Rouen (12 sept. 1826) l'a jugé ainsi pour des fabricants de drap domiciliés dans des communes voisines d'Elbeuf. Voir Gastambide, page 458.

(2) Voir M. Maunoury, *Du nom commercial.*

soit livré à la consommation. C'est toujours sous le nom de cet endroit que le produit est connu ; aussi, ce qui importe avant tout à l'acheteur, disent-ils, c'est que la soie qu'on lui vend vienne de Lyon, le couteau de Châtellerault, parce qu'il a confiance dans la réputation de ces villes et qu'il s'en rapporte entièrement à leurs fabricants pour le choix des matières premières. Sans doute cela est exact; mais il ne faudrait cependant pas limiter à ce lieu la protection accordée. La loi ne s'occupe pas uniquement de l'intérêt du consommateur; elle a surtout pour but de défendre l'industrie contre la fraude. C'est pourquoi un fabricant de tissus de Vizille, un fondeur du Jura seraient fondés, suivant nous, à invoquer la loi de 1824 pour se plaindre de l'apposition du nom de cette ville ou de cette contrée sur un produit ne sortant pas de leurs manufactures ou de leurs usines.

§ V. — *Quel est le lieu protégé quand il s'agit des vins ?*

Les vins ayant été rangés, à tort selon nous, par la Cour de cassation, dans la classe des produits fabriqués visés par la loi de 1824, il restait à déterminer quel était le lieu qu'on devait protéger : serait-ce le lieu de la récolte ou le lieu où le vin subit la manutention ? La loi de 1824 défend d'apposer sur un produit fabriqué le nom d'un lieu autre que celui de la fabrication ; rien de plus. Strictement, en s'en tenant à la lettre du texte, la Cour de cassation aurait dû déclarer que le lieu de la préparation, de la manutention pouvait seul être être considéré comme lieu de fabrication, et par conséquent protégé par la loi. La Cour ne l'a pas fait, avec grande raison, sur le rapport de M. le Conseiller Pataille. « Ainsi, disait ce dernier, le raisin de Suresnes, transporté en Champagne pour y subir l'action de la ermentation, deviendrait du vin d'Ay, et il ne serait plus permis au propriétaire du vin d'Ay de donner ce nom à son vin, si son cellier était en dehors de son territoire. L'usage universel, la raison, la morale, la science protestent hautement contre une pareille conséquence ». La Cour, mise en éveil par ce rapport, a justement remarqué que ce qui est essentiel, c'est le lieu de la récolte. C'est lui qui donne au vin sa nature et sa qualité que ne modifient en rien les manipulations postérieures. Aussi a-t-il été décidé que les lieux où on récolte les vins et où on les prépare doivent être considérés comme les lieux de fabrication (12 juillet 1845 (1).

De nombreux arrêts et jugements sont venus confirmer ce principe spécialement pour les vins de Cham-

(1) *J. Palais*, 45, 2, 655.

pagne et proclamer « que seuls les vins mousseux *récoltés* et *fabriqués* en Champagne peuvent être désignés sous ce nom, et que le fait d'apposer cette qualification sur des vins qui n'ont été ni récoltés ni fabriqués en Champagne constituait le délit prévu par l'art. 1er de la loi du 28 juillet 1824 ».

A la suite de ces décisions, des négociants de Saumur sont venus créer en Champagne des succursales où ils manutentionnent des vins récoltés sur les bords de la Loire, qu'ils n'hésitent pas à livrer ensuite comme vins de Champagne. Il y a là un délit tombant sous le coup de la loi de 1824 (1). Malheureusement la répression est presque impossible à cause de la difficulté qu'on éprouve à faire la preuve de l'origine étrangère de ces vins. C'est précisément cet embarras que ces négociants malhonnêtes ont voulu mettre à profit.

Le lieu de la récolte, que la jurisprudence protège, peut être aussi bien un crû qu'une région comme la Champagne, la Bourgogne. C'est aux juges qu'il appartient de déterminer quelles sont les limites de ce crû ou de cette

(2) C. d'Angers, 19 juillet 1887. Pataille, 88, 337.
C. d'Angers, 11 avril 1889. Pataille, 89, 266.
Trib. com. de Reims, 17 juillet 1891. Journal *Le Droit* du 2 décembre 1892.
C. de Paris, 18 novembre 1892. Journal *Le Droit* du 2 décembre 1892.
C. de cass., 9 avril 1894. Sirey, 94, 1, 285.

(1) Nous raisonnons toujours dans le système de la C. de cassation.

contrée. Il y a là un point très délicat qui demande à notre avis une grande réserve. Ainsi il a été jugé que l'expression « vin de Sauterne », dans son sens le plus large, ne comprend que les produits du terroir dont fait partie le clos de Sauterne et des terrains se rapprochant du clos par leur nature, leur exposition et leurs diverses conditions (1). On a décidé également que les propriétaires voisins d'un crû ne peuvent prendre le nom sous lequel il est connu et a conquis sa réputation, alors même que leurs propriétés auraient autrefois fait partie du domaine dans lequel le crû se trouvait compris et qu'elles porteraient encore le nom sur les matrices cadastrales (2). Nous ne pouvons admettre, au contraire, que les juges étendent, outre mesure, le nom d'une localité à toute une région. Ainsi le tribunal, et après lui la Cour de Bordeaux (3) ont déclaré que le nom de « Cognac » pouvait être employé pour désigner toutes les eaux-de-vie fabriquées dans une certaine région qui s'étend entre Cognac et Bordeaux, y compris cette dernière ville. Il y a là un abus contre lequel il est juste de protester énergiquement.

(1) Trib. civil Versailles, 23 février 1888. Pataille, 88, 349.

(2) C. de Bordeaux, 22 juillet 1885. Pataille, 85, 346.

(3) Trib. civil de Bordeaux, 14 avril 1885.
C. de Bordeaux, 14 août 1886. Pataille, 88, 345.

La C. de cassation, 2 juillet 1888 (Dalloz, 1889, 1. 110), a décidé que la déclaration du juge du fond, relative à l'emploi du mot Cognac, échappait au contrôle de la C. de cassation.

§ VI. — *Conditions nécessaires pour qu'il y ait délit.*

Le fait d'apposer sur un produit un nom de lieu autre que celui de la fabrication constitue-t-il par lui-même un délit, ou bien est-il nécessaire que les fabricants du lieu dont le nom est usurpé aient l'habitude de l'apposer sur leurs produits? M. Gastambide (1) admet que « le prévenu d'usurpation de nom ne pourrait se justifier par ce motif que les fabricants de la ville dont il a emprunté le nom n'ont pas coutume de se servir de ce nom. En effet, dit-il, il ne s'agit pas ici d'une contrefaçon de marque, mais d'une supposition de nom. » Cette opinion nous paraît très fondée et nous croyons qu'il suffit qu'il y ait, dans la ville dont on a usurpé le nom, des fabricants de produits similaires, pour que le délit existe. Peu importe si ces fabricants font ou non usage du nom de ce lieu. Dans l'un et l'autre cas, on cherche à tromper l'acheteur sur le lieu de fabrication: c'est ce que ne permet pas la loi, nous le savons. La Cour de cassation, dans un arrêt de 1884 sur lequel nous aurons à revenir, déclare au contraire que la loi de 1824 n'est applicable que si la localité indiquée est connue pour la fabrication de ses produits.

(1) 449.

Si le nom qu'on appose frauduleusement sur des objets est celui d'une ville où il n'y a pas de fabrique similaire, le délit ne saurait évidemment exister. Qui pourrait se plaindre en effet ? Les fabricants du lieu ? Il n'y en a pas par hypothèse. Les consommateurs ? Ils ne sauraient alléguer qu'ils ont été trompés par le nom d'une fabrique qui n'existe pas. Dans ce cas, il n'y a plus en réalité usurpation de nom au sens de la loi de 1824 ; il y a simplement emploi d'un nom de fantaisie. C'est ainsi que le fait de vendre, sous le nom de *Corylopsis du Japon*, un parfum fabriqué à Paris, ne constitue pas un délit. Il n'y a là qu'une dénomination fantaisiste, comme *Savon du Congo* (1), *Liqueur du Mont-Carmel* (Trib. civil. Seine, 18 mars 1862) (2), *Fil d'Alsace* (C. de Paris, 5 janvier 1865) (3), *Siccatif de Paris* (Trib. comm. Seine, 10 février 1869) (4).

Une autre condition nécessaire à l'existence du délit, c'est que le nom usurpé ne soit pas devenu une dénomination générique, servant à désigner non plus la

(1) C'est avec beaucoup de réserve, à notre avis, que les tribunaux doivent déclarer dénominations de fantaisie des indications de ce genre, afin d'éviter des difficultés semblables à celle qui pourrait se présenter si, par exemple, un fabricant de savons s'établissait aujourd'hui au Congo.

(2) Pataille, 62, 238.

(3) Pataille, 65, 109.

(4) Pataille, 69, 171.

provenance de la marchandise, mais une classe de produits ou un procédé de fabrication.

Ainsi la jurisprudence a admis comme désignation générique : le *savon de Marseille* (1) ; le *charbon de Paris* ; biscuits de Montbazon ; vernis anglais (2) ; eau de Cologne, savon de Windsor (4), etc.

Dans quel cas peut-on dire qu'un nom est devenu dénomination générique ? M. Pouillet et la plupart des auteurs admettent que c'est l'usage qui doit être le seul guide. Nous n'admettons pas que l'usage puisse ainsi transformer le nom d'une localité en dénomination nécessaire, pas plus que nous ne lui avons reconnu la faculté d'étendre le nom d'un lieu aux environs de ce lieu. On a formulé (5) à ce sujet, des règles qui nous semblent très exactes. Pour qu'un nom de localité devienne dénomination nécessaire, il faut qu'il constitue une dénomination unique (eau de Cologne, etc.) et, de plus, que cette dénomination unique s'applique à un produit bien précis et que le nom rappelle immédiatement à l'esprit un objet d'une combinaison et d'une contexture bien déterminée. C'est ainsi que l'eau de Cologne se distingue nettement par son odeur des

(1) Paris, 11 mai 1852, *Le Droit*, 12 mai.

(2) Cassat., 8 février 1875. Dalloz, 77, 176.

(3) Lyon, 7 juillet 1871.

(4) Paris, 26 février 1864.

(5) M. Maunoury, *Du nom commercial*.

autres parfums. Au contraire, le drap d'Elbeuf est à peu près analogue à celui fabriqué à Sedan ; il n'y a que des différences de qualité et non de nature : la dénomination drap d'Elbeuf ne pourrait donc pas devenir une dénomination nécessaire.

Enfin, il faut, de plus, à notre avis, que le nom de localité désigne en réalité un simple procédé de fabrication et qu'il ne particularise pas une qualité du terroir. C'est à cette seule condition que le produit peut être obtenu de même nature dans un autre lieu que celui dont il emprunte le nom. Ainsi, en admettant que le vin de Champagne soit un vin fabriqué, on ne pourrait pas soutenir que ce mot désigne un procédé de fabrication et est devenu dénomination nécessaire. Le vin mousseux obtenu ailleurs, à Saumur par exemple, malgré toutes les opérations qu'on lui fait subir, n'est pas de même nature que le vin de Champagne et ne peut pas être confondu avec lui (1).

C'est pour la même raison que le nom de Chartreuse n'est pas devenu un nom générique. Les tribunaux ont décidé, en effet, qu'il y avait usurpation de nom dans le sens de la loi de 1824 dans le fait de désigner, sous le nom de chartreuse, une liqueur plus ou moins similaire ne provenant pas du couvent de la grande Chartreuse (2).

(1) Voir les arrêts déjà cités et, entre autres, l'arrêt du 11 avril 1889, rendu par la C. d'Angers.

(2) C. de Paris, 5 février 1870. Pataille, 70, 209.

La jurisprudence (1) considère, avec raison, comme lieu de fabrication de cette liqueur, non seulement le lieu où on la prépare, mais encore le lieu où se récoltent les plantes qui entrent dans sa composition. Il est impossible d'obtenir ailleurs un produit de même nature.

Nous verrons plus loin que, depuis les arrangements de Madrid, les tribunaux, dans les rapports entre les citoyens des divers Etats unionistes, ne sauraient plus déclarer générique l'appellation d'une région de produits vinicoles.

Pour les eaux minérales qui ont été, par la jurisprudence, rangées dans la classe des produits fabriqués visés par la loi de 1824, la sévérité n'est pas aussi grande que pour les autres produits. Les fabricants d'eaux artificielles peuvent vendre ces eaux sous le nom de la source dont elles imitent les propriétés, à la condition d'éviter toute confusion avec les eaux naturelles. Ainsi la Cour de Lyon a décidé qu'il n'y avait pas délit, lorsque le fabricant d'eaux artificielles ajoutait à l'indication du nom de la source le mot « factice » en toutes lettres (2). On ne peut qu'approuver cette décision : elle respecte les droits du propriétaire de la source en même temps qu'elle l'em-

(1) Grenoble, 8 février 1886. Pataille, 87, 151.

(2) C. de Lyon, 7 mai 41. D. P. 42, 227.
Sic. Sirey, 1882, 2. 193.

pêche de mettre les eaux naturelles à un prix trop élevé et de priver ainsi d'un remède utile ceux qui en ont besoin.

§ VII. — *Délits prévus par la loi.*

La loi de germinal avait le tort, nous l'avons dit, de donner de la contrefaçon une définition beaucoup trop étroite ; elle laissait impunies des fraudes aussi nombreuses que faciles. Le législateur de 1824 a voulu les faire cesser en édictant un article dont les termes généraux puissent déjouer toutes les ruses. Le projet présenté par le gouvernement ne frappait que ceux qui apposaient ou faisaient apparaître sur un produit fabriqué, par une altération quelconque, le nom d'un lieu autre que celui de la fabrication. La commission fit ajouter les mots : par addition ou retranchement, afin de donner à la loi une portée encore plus grande. C'était interdire par là tous les procédés quels qu'ils soient destinés à faire apparaître sur un produit le nom d'un lieu autre que celui de sa fabrication.

Que le nom du lieu usurpé soit incorporé à l'objet ou qu'il n'existe que sur l'enveloppe, la boîte (1), le

(1) Seine, 10 mars 1858. Pataille, 58, 219.

flacon (1), l'étiquette, peu importe. Il suffit qu'il figure sur le produit pour qu'il y ait délit. M. Calmels ajoute même que la loi doit recevoir également son application lorsque l'apposition a lieu non sur l'objet lui-même mais sur un de ses accessoires, par exemple sur le chapeau d'essieu de la roue d'une voiture (2), sur le bâti d'une machine à coudre (3).

Si le nom de lieu n'est pas obligé d'être adhérent à l'objet pour que le délit existe, il n'a pas non plus à être apparent. C'est ainsi que l'enveloppe portant le nom usurpé peut être dissimulée sous une enveloppe ne portant aucun nom. De nombreuses décisions sont intervenues dans ce sens (4) ; la Cour de cassation a adopté la solution contraire (5).

Certains fabricants pensent échapper à la loi en ajoutant au nom usurpé d'autres mots : ainsi Chartreuse de Saint-Hugon. La jurisprudence (6) a con-

(1) Alger, 29 mai 1879, Pataille, 79. 345.

(2) C. de Paris, 6 mars 1878, Pataille, 78. 332.

(3) Trib. com. Seine, 4 décembre 1880, Pataille, 84. 367.

(4) C. de Paris, 10 mars 1882, Pataille, 82. 263.
Trib. corr. Seine, 17 novembre, 31 décembre 1888 et 5 janvier 1889 (la *Loi* des 26 novembre 1888, 16, 24, et 31 janvier 1889).
C. de Rouen, 28 février 1889, *Gaz. Palais*, 89, 1. 617.

(5) Cass., 5 août 1890 Pataille, 93. 257.

(6) Grenoble, 14 février 1879, Pataille, 79. 324.

damné avec raison de semblables procédés qui ont pour but de faciliter, grâce à une confusion. la vente d'un produit qui n'est pas fabriqué au lieu dont il prend le nom. Il en a été de même pour la dénomination Saint-Pierre de Chartreuse (1). Les décisions de la jurisprudence, à cet égard, sont justifiées par ce fait que le législateur, en employant les mots « altération quelconque », a voulu atteindre toutes les fraudes, quelque forme qu'elles revêtent.

C'est pour la même raison que l'on a déclaré frauduleuses les expressions : *imitation de...*, *façon de...*, ou autres analogues. La loi de germinal disait expressément : « La marque sera considérée comme contrefaite quand on y aura inséré les mots : façon de... » La loi de 1824 ne contient aucune disposition semblable. On aurait pu, au premier abord, en conclure qu'il n'y avait plus là une usurpation de nom réprimée pénalement. Mais les travaux préparatoires montrent clairement qu'il n'en est rien. Le législateur a craint qu'en prévoyant expressément quelques cas, il ne fasse échapper les autres à la sanction. Il a préféré employer des termes généraux permettant aux tribunaux de frapper toutes les fraudes. C'est ainsi que de nombreuses décisions de jurisprudence reconnaissent que la loi de 1824 n'a pas abrogé l'art. 17 de la loi de germinal (2). D'autres

(1) Grenoble, 2 avril 1857, Pataille, 58. 119.

(2) Cassation, 24 décembre 1855, Pataille, 56. 18.
C. de Paris, 6 février 1874, Pataille, 74. 68.

condamnent les expressions *façon de...*, *imitée*, *comme imitation...*, etc. (1).

Mais là ne se bornent pas les prévisions du législateur.

§ VIII. — *Complicité.*

La loi de germinal an XI ne punissait que l'apposition du nom sur des produits; elle laissait impunie la vente des objets revêtus de noms usurpés. C'était assurer un débouché à la fraude. La loi de 1824 a comblé cette lacune et décidé que : « tout marchand, commissionnaire ou débitant quelconque sera passible des effets de la poursuite, lorsqu'il aura sciemment *exposé en vente* ou *mis en circulation* des objets marqués de noms supposés ou altérés. »

La loi punit d'abord *l'exposition en vente*. Que faut-il entendre exactement par là? Est-il nécessaire, pour qu'il y ait délit, que les objets aient été publiquement mis sous les yeux de ceux qui peuvent ou doivent les acheter ou bien suffit-il qu'il y ait simple mise en vente sans publicité ni exposition? Etant donné le caractère pénal de la loi de 1824, les expressions exposition en

(1) Agen, 20 juillet 1875, Pataille, 78. 234.
Trib. civil Seine, 3 avril 1878 (Chartreuse), Pataille, 78. 145.

vente devraient être entendues restrictivement. C'est l'avis de M. Bédarride (1) qui enseigne que la disposition ne s'applique que dans le premier cas.

Nous devons reconnaître cependant que c'est là une opinion isolée. Tous les auteurs (2) sont d'accord pour décider que le législateur a eu en vue moins l'exposition, c'est-à-dire l'étalage, que la possession jointe à l'intention de vendre (3). C'est ce qui ressort avec évidence des travaux préparatoires de la loi : il résulte en effet des divers rapports que l'expression « exposition en vente » a été employée pour embrasser des cas non compris dans celle de « mise en vente ». Cette question n'a pas d'ailleurs en réalité l'intérêt qu'elle paraît avoir au premier abord : comme nous le verrons plus loin, celui qui met en vente des produits revêtus de noms usurpés doit être considéré comme un complice et puni comme tel. Bien que la loi ne le dise pas expressément, la vente elle-même de ces produits doit être réprimée ; il serait injuste de la laisser impunie, lorsque l'exposition en vente, c'est-à-dire la simple tentative, tombe sous le coup de la loi.

On s'est demandé si la vente, en France, d'objets fabriqués à l'étranger était punie par la loi. Les doutes

(1) Nos 567 et 722.

(2) M. Blanc, p. 619. — M. Pouillet, no 200.

(3) C'est pour éviter des difficultés d'application de ce genre que le législateur de 1857 a employé l'expression « mise en vente ».

viennent de ce que l'art. 2 stipule que le débitant sera passible « des effets de la poursuite ». Or la poursuite, dans ce cas, n'est pas possible contre le fabricant, puisqu'il est étranger ; elle ne saurait avoir d'effets. Par suite le débitant ne peut pas être inquiété. Cette argumentation n'a pas arrêté la jurisprudence (1) et avec raison. Les mots « passible des effets de la poursuite » sont un peu vagues, il est vrai, mais peuvent très bien s'entendre ainsi : des effets de la poursuite *édictée par la loi.*

L'art. 2 interdit également la *mise en circulation.* Ces mots ont été ajoutés, nous dit le rapporteur, dans la crainte que les seules expressions : exposés en vente ne donnassent lieu à quelques interprétations à l'aide desquelles les coupables pourraient se soustraire à la peine en achetant des marchandises marquées de noms supposés ou altérés pour les vendre dans un autre endroit ou les exporter, sans les faire entrer dans leurs magasins. C'est donc, non seulement le débitant, mais encore le commissionnaire, le vendeur sur échantillons

(1) T. comm. de la Seine, 4 mars 1827, *Gazette des Tribunaux,* 5 mai.

C. de Paris, 6 novembre 1857. Pataille, 58, 125.

C. de Paris, 5 décembre 1873.

C. de Cass., 27 février 1880. Pataille 80, 180.

Sic : M. Pouillet, n° 428. M. Gastambide, n° 463. M. Rendu, n° 450. Dalloz, Rep. V. *Industrie,* n° 348.

que le législateur a entendu punir; du reste, la loi est formelle à ce sujet. Il y a donc délit dans le fait d'exporter et de vendre à l'étranger des objets achetés en France et portant un faux nom de fabrication. C'est ce qui résulte du rapport de M. Lemoine des Mares : « Des commissionnaires, *expéditeurs à l'étranger*, commandent périodiquement, dans certaines manufactures, cinquante ou cent pièces d'étoffe, à la condition que le manufacturier y fera apposer une marque de telle ou telle ville, qui n'est pas celle de la fabrication. Il était du devoir du gouvernement de mettre un terme aux conséquences de ces scandaleux désordres. » La jurisprudence (1) décide également que la loi de 1824 frappe la vente, en France, d'objets portant un nom usurpé, bien que ces objets ne traversent pas les magasins du délinquant et même si les objets delictueux viennent de l'étranger.

Nous verrons plus loin que des difficultés très vives s'étaient élevées sur le point de savoir si la mise en circulation comprenait l'introduction en transit. La question fut résolue par l'art. 19 de la loi de 1857.

Tous les cas de complicité que nous venons d'étudier sont prévus par la loi ou résultent des travaux préparatoires. Faut-il considérer comme limitative l'énumération donnée par la loi ou bien, au contraire, la com-

(1) C. de Paris, 5 décembre 1873, et Cass., 27 février 1880. Pataille, 80, 180.

pléter au moyen des principes généraux du Code pénal en matière de complicité (art. 59 et 60). La deuxième opinion est généralement enseignée (1) ; c'est aussi ce que décide la jurisprudence (2). Si la loi a prévu spécialement certains cas de complicité, c'est qu'ils ne rentraient pas dans les termes généraux des art. 59 et 60 qui ne parlent que des actes qui ont aidé, préparé ou facilité le délit : comme le fait du lithographe ou de l'imprimeur qui composent les étiquettes. Mais rien dans la loi n'autorise à penser que le législateur ait voulu déroger aux principes généraux.

§ IX. — *Tentative.*

L'art. 3 du Code pénal dispose que la tentative de délit ne peut être assimilée au délit que dans les cas déterminés par une disposition expresse de la loi. La loi de 1824 ne prévoyant rien de semblable, il faut décider que la simple tentative d'apposition de nom n'est pas punissable.

Certains auteurs (3) se refusent à laisser dans tous

(1) *Contra*, Bédarride, n° 271.

(2) C. de Paris, 16 mars 1878. Pataille, 78, 59.
Trib. corr. Lyon, 8 mai 1855. Pataille, 79, 307.

(3) M. Pouillet, n° 420.

les cas la tentative sans répression. Ils demandent l'application de la loi si c'est la poursuite même qui a empêché que le timbre ou le cachet contrefait ne servît à l'apposition du nom sur les objets en vue desquels ils étaient fabriqués. Nous n'admettons pas une semblable distinction qui est purement arbitraire. C'est aux tribunaux qu'il appartient de décider s'il y a délit consommé ou bien seulement tentative (1).

La Cour de cassation avait, en cette matière, adopté un instant (2) une théorie qu'elle a abandonnée depuis. Elle qualifiait de « fait de complicité » le fait d'avoir fabriqué des étiquettes *destinées* à être apposées sur un produit. C'était illogique. Complicité de quoi, en effet ? Du délit d'apposition ? Il n'existait pas, puisque, dans l'espèce, il était constaté que l'apposition n'avait pas eu lieu. Il était injuste, dans ces conditions, de condamner le lithographe ou l'imprimeur comme complice d'un délit qui n'avait pas été commis.

§ X. — *Bonne foi.*

Le marchand ou le commissionnaire, pour échapper à la poursuite, peuvent invoquer leur bonne foi. C'est

(1) Cassation, 9 juillet 1852, 18 février 1852, D. P. 52, 1. 269.
(2) C. de cass., 29 novembre 1847, *Journal du Palais*, 47, 2. 670.

l'application pure et simple des principes généraux admis en matière de délits : il n'y a culpabilité que si l'intention frauduleuse existe. Aussi le mot « sciemment », qui figure dans le texte de la loi de 1824, était-il inutile. Mais, la question est de savoir si c'est au demandeur qu'incombe la preuve de l'intention frauduleuse, ou bien, au contraire, si c'est le défendeur qui doit prouver sa bonne foi ? En principe, c'est au plaignant, ministère public ou partie intéressée, qu'incombe la preuve de la mauvaise foi du prévenu. Il n'y a aucune raison de décider qu'il en est autrement dans le cas du délit prévu par la loi de 1824 (1). Notons cependant que si, pour le marchand ou le débitant de deuxième ou de troisième main, la solution se comprend, il est plus difficile de l'admettre pour celui qui traite directement avec le fabricant. C'est ce que fait remarquer M. Bédarride (2) : « Comment, par exemple, présumer la bonne « foi chez celui qui, correspondant ou commissionnaire « d'un étranger, en reçoit ou lui demande des mar- « chandises portant l'indication d'une origine fran- « çaise ? A qui persuadera-t-on qu'il a été de bonne « foi puiser en Allemagne et en Angleterre des soieries

(1) La jurisprudence a cependant décidé que, quand il s'agit d'un imprimeur, c'est au défendeur qu'incombe la preuve de la bonne foi.
C. de Paris, 19 mars 1875. Pataille, 75, 74.
Cass., 16 janvier 1889. Pataille, 89, 161.

(2) N° 722.

« de Lyon ou des draps de Sedan ». Il y a là évidemment une question de fait laissée à l'appréciation des tribunaux.

Quant à l'auteur principal du délit, il ne saurait alléguer sa bonne foi. Sur quoi d'ailleurs pourrait-il la fonder : il n'ignorait pas que le nom du lieu qu'il apposait sur le produit n'était pas celui de la fabrication.

§ XI. — *Qui peut se plaindre.*

La loi de 1824, nous l'avons dit, a un double but. Elle a pour objet de protéger les fabricants du lieu dont le nom est usurpé ; elle a aussi pour objet de protéger les consommateurs contre les fausses indications. C'est là un point sur lequel la plupart des auteurs sont d'accord (1) ; il est d'ailleurs nettement indiqué dans les travaux préparatoires. La conséquence à tirer de là, c'est que les fabricants de ce lieu et le consommateur auquel le produit contrefait a été vendu peuvent poursuivre devant les tribunaux la répression du délit.

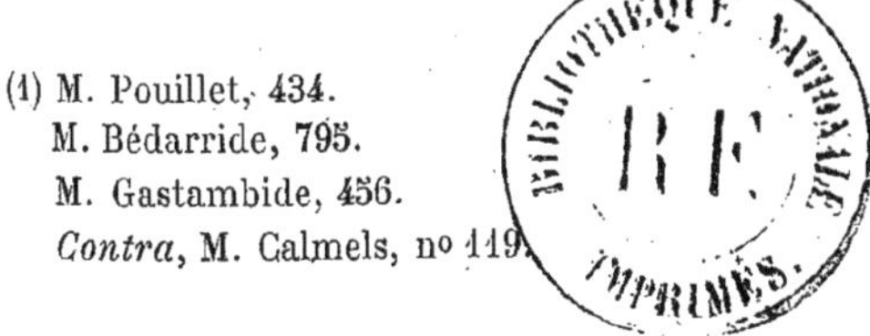

(1) M. Pouillet, 434.
M. Bédarride, 795.
M. Gastambide, 456.
Contra, M. Calmels, n° 119.

Prenons d'abord les fabricants. Il est certain que le droit de poursuite n'appartient qu'aux fabricants de la localité dont le nom est usurpé. Ceux qui sont étrangers à cette localité n'ont aucun sujet de se plaindre; car, si la fraude n'avait pas existé, ce n'aurait pas été à eux que les consommateurs se seraient adressés, mais bien à ceux qui avaient le droit d'apposer sur leurs produits le nom réputé (1). La poursuite peut être intentée par chacun de ces derniers en particulier (2) ; il y a là un droit individuel. Mais rien ne s'oppose à ce qu'ils plaident comme collectivité, s'ils ont formé un syndicat régulier. D'ailleurs, dans le cas où des poursuites ont été commencées par l'un d'eux, ils peuvent se joindre à lui ; mais alors ils forment des parties distinctes. L'un d'entre eux ne pourrait agir au nom de tous (3) : c'est l'application du principe que « nul en France ne plaide par procureur. »

Nous avons dit que le consommateur pouvait aussi invoquer la protection de la loi de 1824 (4). Cette loi fait en effet un délit de la fausse indication du lieu de fabrication ; il est juste que tous ceux qui sont lésés par ce délit puissent en demander la répression. Le consommateur figure précisément au nombre des per-

(1) C. de Cass., 12 juillet 45, D. P. 1. 327.

(2) C. de Paris, 12 août 1864. Pataille, 64, 38.

(3) Trib. commerce d'Angers, 20 août 69. *J. du Palais*, 70, 597.

(4) C. d'Angers, 4 mars 1870. Pataille, 70, 231.

sonnes lésées. Indépendamment de cette action, le consommateur a une ressource, celle de l'art. 423 du Code pénal qui punit la tromperie sur la nature de la marchandise vendue. Nous reviendrons sur ce point ; bornons-nous à constater ici la coexistence de ces deux moyens.

Enfin le ministère public peut poursuivre d'office, sans aucune plainte préalable. C'est ce que constatent de nombreux arrêts (1).

§ XII. — *Dommages-Intérêts.*

Indépendamment de l'action publique, la fausse indication d'un lieu de fabrication peut donner lieu à une action civile en dommages-intérêts, de la part de toute personne lésée. C'est l'application du principe général posé dans l'art. 1382 et reproduit spécialement dans l'art. 1 de la loi qui nous occupe.

On a cependant contesté à l'industriel, habitant la ville dont le nom est usurpé, le droit de réclamer des

(1) C. de cass., 3 mai 1867. Pataille, 67, 293.
— 27 mai 1870. Pataille, 71, 188.
— 27 février 1880. Pataille, 80, 180.

dommages-intérêts. M. Bédarride (1), notamment, se base sur ce fait que le plaignant ne peut établir qu'il ait moins vendu ou que la diminution dans la vente soit le fait de l'usurpation. L'appréciation du tort individuel étant impossible, dit-il, il ne saurait y avoir lieu à dommages-intérêts. Cette théorie nous paraît contredite par les termes mêmes de la loi qui accorde le droit à des dommages-intérêts à la partie lésée, sans faire de distinction. Sans doute, il peut y avoir des difficultés pour établir le montant des dommages-intérêts ; la plupart du temps les tribunaux seront fort embarrassés pour en fixer le quantum, nous le reconnaissons ; mais nous pensons que le droit n'en existe pas moins. C'est ce qu'a décidé la Cour de Paris dans un arrêt du 12 août 1864 (2) : « Si le plaignant n'est pas le seul fabricant du même genre d'articles dans la localité dont le nom a été usurpé, ceux qui ont usurpé ledit nom ne lui doivent que sa quote-part du bénéfice illégitime qu'ils ont fait eu égard au nombre des autres fabricants de la localité. »

(1) No 793.

(2) Pataille, 65, 38.

§ XIII. — *Compétence.*

L'action publique est portée naturellement devant le tribunal correctionnel dans les formes ordinaires. Quant à l'action civile intentée isolément de l'action publique, à quelle juridiction doit-elle être soumise? Si l'on remarque que presque toujours le débat a lieu entre commerçants, il est naturel de décider, avec la majorité des auteurs, que l'affaire doit être jugée par le tribunal de commerce (1). Des doutes se sont cependant élevés depuis la loi de 1857. L'art. 16 de cette loi décide que les demandes en réparation privée, en matière de contrefaçon de marques emblématiques, sont de la compétence du tribunal civil. Certains auteurs (2) ont prétendu que cette disposition devait avoir apporté un changement en notre matière et déplacé la compétence. C'est une erreur, à notre avis. Nous avons déjà dit que la loi de 1857, ayant un objet différent de celui de la loi de 1824, n'a pu réagir sur cette dernière, en l'absence d'une déclaration formelle.

(1) Rendu, 460. — Bédarride, 797.
C. de Lyon, 12 juin 1873. Pataille, 73, 258.
Trib. civil, Châlon-sur-Saône, 6 août 1882. Pataille, 83, 218.

(2) M. Pouillet, n° 442.

N'est-il pas préférable d'ailleurs de maintenir la compétence des juges consulaires qui, par leur connaissance pratique des affaires, sont souvent plus aptes que les juges civils à trancher les questions de fait si délicates et si nombreuses dans des débats de cette nature.

On peut se demander si le tribunal de commerce, qui statue sur les usurpations de noms de lieu, peut ordonner la destruction des étiquettes ou enveloppes portant le nom usurpé. L'affirmative nous paraît s'imposer ; il est indispensable d'accorder à ces tribunaux le moyen de réprimer d'une manière efficace la fraude et d'en empêcher le renouvellement (1).

§ XIV. — *Pénalités.*

La loi de germinal an XI punissait l'usurpateur du nom de lieu des peines du faux en écritures privées : les fers et la flétrissure, et le Code pénal (de 1810) était venu, dans les art. 142 et 143, transformer cette peine en celle de la réclusion. Le législateur de 1824 a sup-

(1) C. de Paris, 6 mai 1851.
Trib. comm. Seine, 27 décembre 1860.
Contra : Trib. Seine, 23 juin 1852.

primé ces pénalités excessives et remplacé les peines criminelles par des peines correctionnelles.

La loi de 1824, quant à la sanction du délit qu'elle prévoit, se contente de renvoyer à l'art. 423 du Code pénal. Les peines établies par cet article sont : la prison, l'amende et la confiscation des objets, ou de leur valeur, s'ils appartiennent encore au vendeur. La durée de l'emprisonnement peut varier entre trois mois et un an. L'amende ne peut être inférieure à 50 francs, ni supérieure au quart des restitutions et dommages-intérêts.

Y a-t-il lieu d'appliquer l'art. 463, relatif aux circonstances atténuantes ? La loi ne s'explique pas à ce sujet. Il est certain que le législateur, en renvoyant pour la sanction au Code pénal, a entendu laisser subsister les tempéraments établis par ce Code (1).

Indépendamment de ces peines, le tribunal doit prononcer la confiscation, mais seulement lorsque les objets sont encore entre les mains du vendeur ou que le prix lui en est encore dû. Une question se pose : il peut arriver qu'un complice, un débitant par exemple, ait agi de

(1) *Sic*. M. Bédarride, nº 728. — *Contra*, M. Rendu, nº 458.

En aucun cas, l'admission des circonstances atténuantes ne permet aux juges de ne pas prononcer la confiscation ; c'est seulement l'emprisonnement et l'amende qui peuvent être modifiés.

C. de cass., 4 décembre 1839. D. P. 40. 1, 377.

bonne foi et soit acquitté; que va-t-il se passer dans ce cas ? La confiscation devra-t-elle être prononcée? Nous le croyons, car outre la culpabilité de l'agent, il y a la culpabilité des objets (1). Bien entendu, il faut pour cela que les objets appartiennent encore au vendeur ou que la valeur lui en soit dûe. Si le débitant a payé le prix à l'usurpateur du nom, la confiscation ne saurait évidemment être prononcée. Les objets resteraient, dans ce cas, en la possession du débitant qui aurait intérêt à faire disparaître le nom du lieu usurpé; car il ne pourrait plus désormais invoquer sa bonne foi. Les juges pourront d'ailleurs prescrire à ce sujet toutes les mesures nécessaires pour effacer toute trace de la fraude.

Que deviennent les objets confisqués? Si le plaignant est un consommateur, nul doute qu'ils doivent lui être remis. Dans les autres cas, les juges peuvent prononcer la confiscation soit au profit de l'État, soit au profit du plaignant (2). Ils remplacent alors une partie des dommages-intérêts.

(1) M. Bédarride, nº 727.

(2) Trib. corr. Thionville, 16 mai 1865. Pataille, 65, 202.

§ XV. — *Cas non prévus par la loi de 1824.*

Suivant nous, la loi de 1824, nous l'avons vu, avait un objet très restreint : elle ne devait s'appliquer, dans la pensée du législateur, qu'aux produits de l'industrie manufacturière. Est-ce à dire pour cela que les fausses indications de provenance apposées sur les autres produits, les produits agricoles, les vins, soient dépourvues de sanction ? Evidemment non. Il est incontestable que l'usurpation du nom de lieu cause un préjudice aux producteurs de ce lieu. N'est-il pas juste, dans ces conditions, de leur reconnaître le droit d'invoquer le bénéfice de l'art. 1382 et de réclamer des dommages-intérêts. Le juge aura à en faire l'évaluation, comme dans le cas de la loi de 1824, eu égard au nombre et à l'importance des producteurs de la localité. A ce sujet les difficultés que nous avons signalées plus haut se reproduisent ici. La plupart du temps les poursuites seront inefficaces. C'est évidemment là une des raisons qui a poussé la jurisprudence à assimiler aux produits visés par la loi de 1824 le plus grand nombre de produits possible, dans le but d'accorder à ces produits la sanction plus énergique de l'action publique. Notons cependant que si la jurisprudence avait appliqué, comme elle devait l'être, la loi de 1824, le besoin d'une législation nouvelle n'aurait pas tardé à se faire sentir. Nous aurions certainement, à l'heure actuelle, sur la matière, une loi complète après laquelle nous aspirons encore aujourd'hui.

Si la loi de 1824 ne s'applique pas à tous les produits, elle laisse échapper aussi bien des actes frauduleux. Elle ne punit que le fait d'apposer ou de faire apparaître sur un objet fabriqué le nom d'un lieu autre que celui de la fabrication. Malgré cette formule générale, elle laisse impunis bien des faits qui cependant mériteraient une sanction. Un marchand de drap livre aux acheteurs, sous le nom de drap d'Elbeuf, du drap qui n'y est pas fabriqué. S'il n'appose pas sur sa marchandise cette fausse indication de provenance, il ne commet pas de délit, et cependant les fabricants d'Elbeuf éprouvent un préjudice. Il en est de même si ce marchand annonce faussement sur ses en-tête de lettres, dans des prospectus que le drap qu'il vend est fabriqué à Sedan. Les exemples de ce genre abondent. Ils constituent évidemment des actes de concurrence déloyale; les fabricants des lieux dont les noms ont été ainsi usurpés peuvent en demander réparation, en vertu de l'art. 1382.

Quant au consommateur, à l'acheteur, il n'est pas non plus sans ressource, quand de pareils faits se présentent. La loi de 1824 n'est en réalité que le complément de l'art. 423 du Code pénal; elle vise le cas de tromperie à l'aide d'une marque nominale. Mais, en dehors de ce cas, l'art. 423 conserve son empire. Il punit la tromperie sur la « nature » de la marchandise vendue. Or, il n'est pas douteux, dit M. Pouillet, qu'au regard du consommateur, le fait de lui vendre un produit d'une fabrique autre que celle dont il entend acheter la marchandise, constitue une véritable tromperie sur la nature de la marchandise. C'est là un point établi par de nombreuses décisions judiciaires (1). La Cour de cassation (2) elle-même, a défini très nettement le sens qu'il faut attacher à l'expression « nature » de la marchandise : « Attendu que les mots « *nature* du produit, » doivent s'entendre non de sa qualité, mais de sa nature même, de son essence, de son *identité*, lorsque la chose est donnée frauduleusement pour ce qu'elle n'a jamais été ... » Sans aucun doute, il y a tromperie sur l'identité d'une marchandise, lorsqu'on la donne pour fabriquée à Elbeuf, par exemple, alors qu'elle l'a été à Sedan. M. Huart (3) estime également que le mot nature, comprend tous les caractères distinctifs d'un produit et que, parmi ces caractères, se trouve la prove-

(1) Trib. corr. Seine, 5 décembre 1860. Pataille, 61, 88.
C. de Grenoble, 21 août 1876. Pataille, 76, 226.
Cassation, 26 septembre 1879. Pataille, 79, 345.
Trib. corr. Toulouse, 15 juillet 1881. Pataille, 81, 185.

(2) Cassation, 10 décembre 1859. D. P. 60, 1. 55.

(3) *Propriété industrielle*, nº 161.

nance soit française, soit étrangère. En résumé, le consommateur, trompé sur le lieu de fabrication ou de production du produit qu'il achète, peut, à notre avis, poursuivre son vendeur en vertu de l'art. 423. Certains auteurs (1) estiment que c'est même là le seul moyen que la loi met à sa disposition et qu'en aucun cas le bénéfice de la loi de 1824 ne saurait être réclamé par lui. Nous n'admettons pas cette opinion qui est contredite par les travaux préparatoires ; nous avons décidé plus haut que le consommateur pouvait avoir à sa disposition les deux moyens d'action.

(1) M. Calmels, n° 119. — De même Dalloz, *Répert.* V° *Industrie*, n° 355. Dalloz, *Code de commerce annoté, Nom commercial*, n° 64.

CHAPITRE II

SECTION PREMIÈRE

Loi du 23 juin 1857.

La loi de 1824 protège le nom commercial en lui-même et indépendamment de toute forme spéciale ; la loi de 1857 ne vise, au contraire, que les noms affectant une forme distinctive et devenus une marque emblématique. Cette disposition ne s'applique-t-elle qu'aux noms des individus ? Un nom de ville, ou plus généralement un nom de localité, ne peut-il pas servir de marque de fabrique ? Telle est la question que nous devons examiner avant de passer à l'étude de l'art. 19, qui est venu trancher des difficultés d'application de la loi de 1824.

§ I. — *Le nom de lieu sous forme distinctive peut-il constituer une marque ?*

Le nom d'un lieu de fabrication ou de production appartient collectivement à tous les fabricants et producteurs de ce lieu; qu'il s'agisse d'une localité ou d'une région, comme la Champagne ou la Bourgogne. L'un d'eux, en s'établissant le premier dans un endroit, ne saurait acquérir pour lui seul le droit de faire usage de ce nom pour marquer ses produits; le droit de tous les habitants persiste intact. Il y a là un terme commun, indispensable pour faire connaître le lieu où le produit est fabriqué ou récolté; il ne peut être, sous ce rapport, remplacé par aucun autre (1). Mais un fabricant, un producteur d'une localité peut-il se servir du nom de cette localité pour composer une marque emblématique? Evidemment oui, rien ne s'y oppose. En adoptant pour marque un nom de lieu, c'est-à-dire en donnant à ce nom une physionomie particulière, une forme distinctive et en remplissant les formalités exigées par la loi, cet industriel acquiert un droit exclusif à l'usage de cette forme distinctive qu'il a le premier employée. Sans doute les concurrents de la

(1) C. de Pau, 27 juillet 1867. Teulet, 17, 171.

même localité conservent le droit d'apposer le nom de cette localité sur leurs produits ; mais ce nom ne devra pas se présenter sous la même forme que celle qui a été déposée. C'est ce que décident d'ailleurs plusieurs arrêts (1) qui reconnaissent en même temps aux tribunaux le pouvoir de prescrire toutes les mesures nécessaires pour empêcher les confusions résultant de la similitude des noms et des marques (2).

Cela étant, supposons qu'un industriel étranger à la localité en usurpe le nom. Que va-t-il se passer ? Le fabricant qui a adopté la marque dont nous venons de parler peut agir en vertu de la loi de 1857, car une contrefaçon de marque a été commise à son préjudice. Il a en outre, comme tout fabricant de l'endroit, le bénéfice de la loi de 1824, puisqu'il y a usurpation de nom. A son égard, il y a donc une double infraction : à la loi de 1857 qui protège la marque particulière et à la loi de 1824 qui protège le lieu de fabrication (3).

Si le nom de lieu, pris comme marque, ne représente en réalité aucune localité et est purement imaginaire, il constitue alors, non plus une indication de provenance, mais une dénomination de fantaisie. Nous avons cité plus haut comme exemple, le corylopsis du Japon,

(1) Paris, 3 juin 1859. Pataille, 59, 216.
Dijon, 8 mai 1867. Pataille, 67, 345.

(2) Grenoble, 11 février 1870. Pataille, 70, 355.

(3) Dijon, 8 mai 1867, déjà cité.

le savon du Congo, la liqueur du Mont-Carmel. Dans ces conditions, c'est la dénomination elle-même qui fait la marque et non la forme sous laquelle elle se présente. Aussi ces noms appartiennent-ils privativement à ceux qui en font usage les premiers, en dehors de tout signe spécial (1).

§ II. — *Des marques collectives.*

Comme les individus, les villes ou les régions peuvent adopter une marque destinée à être apposée sur tous les produits qui en proviennent ou qui s'y fabriquent. C'est ainsi que jadis les fabricants de coutils de Flers et de la région en avaient choisi une qui consistait dans un liseré à couleurs variées. Mais comme alors les associations syndicales n'étaient pas reconnues par la loi, chaque fabricant avait été obligé de déposer personnellement la lisière pour pouvoir poursuivre les contrefacteurs. L'union des quincailliers de Paris avait agi de même à un certain moment.

De nos jours cette pratique a été reprise par la municipalité de Lyon. Une commission nommée par le con-

(1) Trib. com. Seine, 26 septembre 1852. Teulet, 1, 496.
C. de Paris, 23 juillet 1877. Pataille, 77, 207.

seil municipal a créé une *marque municipale* qui est déposée conformément à la loi. Cette marque se compose d'un signet portant le timbre de la Ville et destiné à être tramé dans la lisière de la pièce. Les fabricants (1) qui veulent attester l'origine lyonnaise de leurs soieries s'adressent à une commission instituée pour surveiller l'emploi de la marque et demandent la délivrance des signets. De nombreuses formalités, dans lesquelles nous n'avons pas à entrer ici, accompagnent la remise des signets et permettent d'en contrôler l'usage. Grâce à ce moyen ingénieux la fraude est rendue à peu près impossible.

Il est à souhaiter que les villes de fabrique et les centres de production suivent l'exemple de la municipalité de Lyon. L'emploi des marques collectives présente, en effet, de grand avantages et est appelé, à notre avis, à donner de bons résultats. Ce genre de marque, qui a été sanctionné par la Cour de Paris (2) (13 juillet 1883), constitue d'abord une garantie du lieu de provenance; il donne en même temps des facilités pour atteindre les contrefaçons : c'est ainsi que le petit

(1) Cette marque ne peut être apposée que par les fabricants; les commerçants n'y ont pas droit. Autrement le but de l'institution ne serait pas atteint et l'on ne tarderait pas à voir la marque figurer sur des soies fabriquées à l'étranger.

(2) La C. de Paris a décidé que les marques devaient être considérées comme marques de fabrique d'après la loi de 1857.

industriel qui n'a pas pris soin de faire déposer sa marque individuelle, pourra poursuivre néanmoins le contrefacteur, s'il a eu la précaution d'ajouter sur ses produits la marque collective.

A côté des marques municipales comme celle de Lyon, il pourrait y avoir des marques régionales. Ainsi l'association syndicale des négociants en vins de Champagne pourrait adopter une marque spéciale destinée à être jointe aux marques particulières. Mais alors comment régler l'apposition de cette marque ; c'est là une question bien délicate. On serait évidemment obligé de reconnaître à tous les négociants le droit de s'en servir. Un contrôle serait exercé par la Chambre syndicale : celui qui s'aviserait d'apposer la marque champenoise sur des bouteilles de vin provenant de l'Anjou ou d'autre part, serait exclu du syndicat et déchu par conséquent du droit de faire usage de la marque. On atteindrait, de la sorte, ces négociants qui établissent une succursale en Champagne, pour faire échec à la jurisprudence, grâce à une difficulté de preuve, et livrer à la consommation des vins étrangers à la contrée. Ce serait un beau résultat. Malheureusement c'est là une innovation bien difficilement réalisable.

Nous verrons plus loin que le quatrième arrangement de Madrid protégeait les marques collectives au même titre que les marques individuelles,

§ III. — *Article 19.*

Nous avons dit qu'on s'était demandé si la loi de 1824 comprenait le transit dans les expressions « mise en circulation », et s'il y avait délit dans le fait de faire transiter, à travers la France, sans s'y arrêter, des objets frauduleusement marqués à l'étranger et vendus à l'étranger ? Un premier arrêt de la Cour de Paris, du 29 novembre 1850 (1), s'était prononcé pour la négative, et certains auteurs prétendaient que le délit de mise en circulation n'existait qu'en cas d'introduction en vue de la vente en France. Le principal argument consistait dans la fiction d'exterritorialité qui s'applique aux marchandises en transit.

Un retour d'opinion ne tarda pas à se produire, et la Cour de Paris (2), revenant sur sa première décision, déclara que la fiction d'exterritorialité avait été établie seulement dans le but de favoriser les industries de transport et n'avait aucune raison d'être appliquée à notre hypothèse.

(1) *Journal du Palais*, 62, 1, 310.

(2) C. de Paris, 14 juillet 1854.
Cassation, 17 décembre 1854. Pataille, 56, 209.
De même cassation, 27 février 80. D. P. 80, 1, 434.

La loi de 1857 a tranché la controverse dans le sens de la Cour de Paris. L'article 19 décide :

« Tous produits étrangers, portant soit la marque, « soit le nom d'un fabricant résidant en France, soit « l'*indication du nom ou du lieu d'une fabrique* « *française*, sont prohibés à l'entrée et exclus du « transit et de l'entrepôt et peuvent être saisis, en « quelque lieu que ce soit, à la diligence de l'adminis- « tration des douanes, soit à la requête du ministère « public ou de la partie lésée. »

Quelle est au juste la portée de cet article? C'est là un point qui est indiqué très nettement dans l'exposé des motifs : « L'article 19 a pour objet de combattre un abus qui a soulevé de vives réclamations dans divers centres manufacturiers. Il arrive fréquemment que des produits étrangers portant frauduleusement... l'*indication du lieu d'une fabrique française*, sont présentés pour le transit et gagnent le bureau de sortie sans que l'administration des douanes puisse agir et avant que les intéressés aient pu intervenir. Ces fraudes, qui ont pour but d'enlever des débouchés à notre commerce, peuvent avoir des effets d'autant plus fâcheux que les produits sont souvent de mauvaise qualité et servent à discréditer les noms dont ils sont revêtus. Afin de combattre cet abus, l'article 19 autorise la saisie de tout produit de cette nature, à la requête du ministère public ou de la partie lésée. »

L'article 19 a donc pour but simplement de retenir

en France les objets frauduleux et de les empêcher de se soustraire aux lois en passant à l'étranger. Il lance, comme on l'a dit, en quelque sorte, un mandat d'arrêt contre les objets suspects, afin de permettre aux personnes intéressées de faire constater si l'objet est vraiment frauduleux et, dans ce cas, de demander contre son introducteur l'application des lois pénales : de 1824, s'il s'agit du nom commercial, de 1857 s'il s'agit d'une marque emblématique. La plupart du temps, il est vrai, l'étranger qui a expédié les marchandises ne pourra être inquiété, mais l'introducteur en France, c'est-à-dire la personne qui aura reçu les marchandises, sera poursuivi comme coupable du délit de mise en circulation.

L'art. 19 ne crée donc pas un délit, le délit d'introduction : il permet simplement, par la saisie qu'il ordonne, d'appliquer les lois spéciales. La saisie a lieu à la requête de l'administration des douanes, du ministère public ou de la partie lésée « en quelque lieu que soit le produit ». Il ne faudrait pas conclure de ces termes généraux que, contrairement aux règles établies en matière de douanes, l'administration pourrait saisir le produit dans l'intérieur du pays. On est d'accord pour reconnaître que l'article 19 n'a porté aucune atteinte aux règles douanières : l'administration des douanes peut saisir, seulement dans la limite de son rayon, la partie lésée, et le ministère public peut agir à la frontière aussi bien que dans l'intérieur du pays.

Quelle est la partie lésée? Tous les fabricants de la localité dont le nom a été usurpé peuvent évidemment requérir la saisie, car ils éprouvent un préjudice. Si l'usurpation a porté sur un nom général comme « France », il est logique de décider que tout fabricant français a le droit de se plaindre (1). Quant au consommateur, il n'a aucune action si la marchandise ne fait que transiter; il ne devient partie lésée que si la marchandise est destinée à être vendue en France.

Bien que l'art. 19 ait été édicté spécialement pour le cas où le produit ne fait que traverser la France, il n'est pas douteux qu'il puisse s'appliquer également dans le cas où la marchandise est introduite pour être vendue en France. Les termes de l'article sont formels.

Qu'arrive-t-il si des fabricants ou des négociants français, attirés par le bon marché de la main d'œuvre à l'étranger, font fabriquer hors de France des produits revêtus du nom de la localité qu'ils habitent? Y a-t-il lieu dans ce cas à l'application de l'art. 19? Les produits doivent-ils être saisis et confisqués? La Cour de cassation (2) a décidé que l'art. 19 ne devait

(1) C. de Rouen, 23 octobre 1863. Pataille, 64-66.

(2) Cass., 9 avril 1864. Pataille, 64, 71 et 256.

pas être appliqué, « attendu qu'au point de vue où s'est placé le législateur, l'usurpation est l'élément essentiel de l'infraction qu'il a voulu réprimer; que lorsque c'est du consentement et par l'ordre du négociant français lui-même que sa marque ou son nom, ou *le nom du lieu* de sà résidence ont été apposés, cet élément disparaît ». Malgré tout notre respect pour la Cour suprême, nous ne pouvons admettre cette décision. Tout ce qu'on peut dire à notre avis, c'est que, dans ce cas, le fabricant a perdu le droit de se plaindre et d'invoquer la loi de 1824, parce que c'est sur son ordre que sa marque, ou son nom, a été apposé frauduleusement. Dans cette limite, la décision de la Cour de cassation est irréprochable : le fabricant a le droit de disposer comme bon lui semble de son nom commercial ou de sa marque. Mais il n'en est pas de même du nom de lieu. De ce qu'un fabricant est établi dans une localité, il n'en résulte pas qu'il puisse employer à sa volonté le nom de ce lieu. Il y a là une copropriété entre tous les fabricants de la localité; l'un d'eux ne peut faire de son droit un usage qui nuirait aux autres. C'est précisément ce qui a lieu dans notre espèce : en commandant les objets à l'étranger le fabricant voulait, grâce au bon marché de la main d'œuvre, attirer la clientèle; il causait par ce fait un préjudice considérable aux autres fabricants qui, d'après nous, seraient fondés à réclamer l'application de la loi de 1824 et de l'art. 19 de la loi de 1857. D'ailleurs, à côté d'eux, n'y a-t-il pas aussi le consommateur qui, trompé sur l'origine de la marchandise qu'on lui vend, peut demander la répression du délit.

Conformément à la doctrine de la Cour de cassation, une circulaire du ministre de l'agriculture et du commerce, en date du 8 juin 1864, avertit les Chambres de commerce que les produits portant un nom français ne seraient plus saisis à la frontière, lorsque la déclaration d'entrée constaterait que c'est sur l'ordre et pour la destination du commerçant ou du fabricant français que les marchandises avaient été fabriquées. Le 20 juin 1881, une instruction identique fut donnée par le Directeur général des Douanes à ses subordonnés.

La question en était là, lorsqu'en 1882 des fabricants de boutons établis à Paris furent poursuivis, à la requête de leurs concurrents, pour avoir introduit des boutons fabriqués en Italie et portant néanmoins la mention : « articles de Paris. » Les agents de la douane avaient entre temps opéré la saisie des boîtes de boutons. Le tribunal correctionnel de la Seine devant lequel l'affaire fut portée, condamna les prévenus. Ils firent appel devant la Cour de Paris qui, le 21 février 1883, infirma le jugement en déclarant qu'il n'était pas établi que Paris fût, pour la fabrication des boutons, un lieu particulièrement renommé. Pourvoi fut introduit en cassation et la Cour décida « que la loi de 1824 « prohibe d'une *manière absolue* et punit l'apposition

« sur un produit industriel d'un nom de lieu autre que « celui de la fabrication, et que, d'autre part, l'ar- « ticle 19 de la loi de 1857 n'a fait que confirmer et « maintenir ces principes (1) ».

C'est exactement le contraire de ce que la Cour a décidé dans l'arrêt de 1864. Désormais le fait par un fabricant de se faire adresser de l'étranger des produits portant un faux nom de lieu de fabrication constitue bien, d'après la Cour suprême, un délit prévu par la loi de 1824 et par l'art. 19 de la loi de 1857. Il résulte cependant des termes mêmes de l'arrêt que la Cour exige pour celà deux conditions: d'abord la mention doit être de nature à induire en erreur sur la provenance réelle des objets et ensuite la localité indiquée doit être connue pour la fabrication des produits introduits. C'est aux tribunaux qu'il appartient de décider si ces deux conditions sont réunies.

La nouvelle théorie de la Cour de cassation a été suivie de nombreuses décisions : C. de Lyon, 1er juillet 1885 (2) ; C. de Douai, 21 janvier 1887 (3) et C.

(1) Pataille, 1884, 208.

La Cour de Chambéry avait jugé de même sur appel d'un jugement rendu par le Trib. de Saint-Jean-de-Maurienne relativement à des saisies pratiquées dans les mêmes conditions (30 décembre 1883).

(2) Pataille, 85, 338.

(3) Pataille, 88, 93.

de Besançon, 2 avril 1887 (1). *Contra*, C. de Toulouse, 8 décembre 1886 (2) et la consultation de Pouillet, Bonfils et Lecomte (3).

Une circulaire du Ministre du commerce, en date du 26 février 1886, rapportant la décision ministérielle du 23 février 1884, fut adressée aux Chambres de commerce pour faire connaître ce changement de jurisprudence.

SECTION II

Article 15 du Tarif général des Douanes de 1892.

L'article 19 de la loi de 1857 avait rendu incontestablement des services à l'industrie française, mais il présentait bien des lacunes. C'est pour les combler que M. Philippon, dans la discussion du projet de loi sur l'établissement du tarif général des douanes, proposa la disposition qui est devenue l'art. 15 de la loi du 11 janvier 1892.

(1) Pataille, 88, 95.

(2) Pataille, 86, 342.

(3) Pataille, 88, 81 à 93.

Cet article est ainsi conçu :

« Sont prohibés à l'entrée, exclus de l'entrepôt, du « transit et de la circulation, tous produits étrangers, « naturels ou fabriqués, portant soit sur eux-mêmes, « soit sur des emballages, caisses, ballots, enveloppes, « bandes ou étiquettes, etc., une marque de fabrique « ou de commerce, un nom, un signe ou une indication « quelconque de nature à faire croire qu'ils ont été « fabriqués en France ou qu'ils sont d'origine fran- « çaise.

« Cette disposition s'applique également aux produits « étrangers, fabriqués ou naturels, obtenus dans une « localité de même nom qu'une localité française, qui « ne porteront pas, en même temps que le nom de cette « localité, le nom du pays d'origine et la mention « *importé* en caractères manifestement apparents. »

Cet article a une sphère d'application beaucoup plus vaste que l'art. 19 de la loi de 1857. D'abord il met sur la même ligne les produits fabriqués et les produits naturels ; la loi de 1857, au contraire, ne s'appliquait aux produits naturels que lorsque la tromperie sur la provenance était commise au moyen d'une marque.

Une innovation plus considérable consiste dans l'interdiction de tous les genres de fraudes possibles. D'après l'art. 19, toute fraude sur la provenance n'était pas atteinte ; n'étaient frappées que celles consistant dans un des moyens indiqués dans l'article : usurpation de marques ou de noms français. L'art. 15 est beaucoup plus compréhensif et réprime toute indication quelconque, de nature à faire croire que les produits ont été fabriqués en France ou qu'ils sont d'origine française. « C'est ainsi, dit M. Pouillet (1), qu'il ne faut pas « hésiter à penser qu'un produit étranger, entrant en « France sans aucune marque, sans indication d'aucun « nom de fabricant ou de localité, mais revêtu d'une « inscription en langue française indicative du produit « pourrait être considérée comme une indication « propre à faire croire à une origine française. La loi « a poussé la généralité du délit, si l'on peut s'exprimer « ainsi, jusqu'à ses plus extrêmes limites. On peut dire « que le pouvoir des tribunaux est sans bornes, ou du « moins n'a de bornes que dans la conscience du « juge. »

Il y a cependant un point sur lequel la nouvelle disposition est moins large que l'art. 19 de la loi de 1857. L'art. 15 n'accorde pas au ministère public ou à la partie lésée le droit de faire saisir en quelque lieu que ce soit, même en dehors du rayon de la douane, les objets qu'elle exclut du transit, de l'entrepôt et de la circulation. Mais comme l'art. 19 de la loi de 1857 n'est nullement abrogé et continue à rester en vigueur, l'inconvénient qui pourrait résulter de la nouvelle mesure n'est pas si grand qu'il paraît. L'art. 19 permettra toujours

(1) Journal *La Propriété industrielle* de Berne, du 30 décembre 1894, page 153.

au ministère public et à la partie lésée de saisir *partout* les objets visés à la fois par cet article et l'art. 15. Les objets désignés *seulement* par ce dernier article ne pourront être saisis que par la douane et dans le rayon douanier.

Quelle est la sanction de l'article 15 ? D'abord, comme l'art. 19, il autorise la saisie du produit frauduleux et, une fois cette saisie opérée, les personnes lésées peuvent faire valoir les droits que leur accordent les lois de 1824 et de 1857. Il ne saurait y avoir de doutes à ce sujet (1) pas plus que sur la possibilité de confisquer le produit reconnu frauduleux. Mais n'y a-t-il pas de sanction plus efficace ? La négative est généralement soutenue. On a même été jusqu'à prétendre que la loi du 11 janvier 1892 « était nulle et était ce que les Romains appelaient une *lex imperfecta* » (2). Cette opinion n'est pas fondée. Les travaux préparatoires de la loi en contiennent la condamnation. Un sénateur, M. Cazot, demanda, lors de la discussion, une explication sur la sanction de l'article qu'on allait voter. Le Ministre du commerce répondit « que la douane avait la faculté

(1) M. Lacombe avait proposé un amendement consistant à ajouter à l'art. 15 « le tout sans préjudice des dispositions répressives prévues par les lois spéciales ». L'amendement fut repoussé comme inutile, parce qu'une loi pénale ne peut pas être abrogée par une loi qui ne lui est pas contraire.

(2) *Journal de Dr. international privé*, 1894, p. 143.

« de rechercher et de saisir le produit prohibé à l'im-
« portation ou exclu de la circulation dans le rayon, et
« que l'importation du produit prohibé tombait sous
« l'application des *lois générales de douanes* et *de*
« *leurs dispositions répressives* ». En présence d'une déclaration aussi nette, il n'y a pas d'hésitation possible. Les produits visés par l'art. 15 sont considérés comme des objets de contrebande et leurs introducteurs sont soumis aux pénalités de la loi du 28 avril 1816 (1). Bien entendu, la douane n'a d'action que dans la limite de son rayon. Si le produit échappe à sa négligence et pénètre à l'intérieur sans avoir été arrêté, la douane perd tout droit ; mais l'art. 19 reprend alors son empire et permet au ministère public ou à la partie lésée de faire saisir le produit.

C'est dans ce sens que s'est prononcé le tribunal correctionnel de Pontarlier qui a décidé, le 11 mai 1894, que : celui qui a fait entrer ou circuler en France, à fin d'entrepôt ou de transit, des objets fabriqués à l'étranger,

(1) M. Pouillet se basant sur ce que les expressions de l'art. 15 sont identiques à celles de l'art. 19 de la loi de 1857 « sont prohibés à l'entrée et exclus du transit... » se demande s'il ne serait pas juste de décider que les mêmes pénalités doivent être attachées, dans les limites du rayon douanier, à l'art. 19 de la loi de 1857, et paraît se prononcer pour l'affirmative. Nous croyons, au contraire, qu'il ne saurait en être ainsi. En matière pénale, le raisonnement par analogie est interdit, et il est impossible, à notre avis, de créer après coup un délit que le législateur de 1857 n'a pas eu l'idée d'établir.

portant une indication de nature à faire croire qu'ils ont été fabriqués en France ou qu'ils sont d'origine française, contrevient aux dispositions du § 1er de l'art. 15 de la loi du 11 janvier 1892 et *tombe sous le coup* des *articles 41, 42 et 43 de la loi du 28 avril 1816 qui punissent l'importation d'objets prohibés.*

CHAPITRE III

SITUATION DES ÉTRANGERS EN FRANCE.

Avant la loi de 1873, un étranger établi en France dans une ville manufacturière dont le nom avait été usurpé, devait-il être compris au nombre des parties lésées et admis comme tel à invoquer la loi de 1824? Certains auteurs lui refusaient ce droit. La loi de 1824, disaient-ils, protège la propriété collective du nom de lieu contre les atteintes dont il pourrait être l'objet. Or, il est incontestable que cette copropriété consistant dans le droit exclusif à l'usage du nom est une pure création du droit civil et n'est nullement basée sur le droit naturel. Un étranger ne saurait donc y prétendre, à moins, bien entendu, qu'il n'ait été admis à fixer son domicile en France, auquel cas l'art. 13 Code civil lui accorde la jouissance de tous les droits civils, ou bien que son droit résulte d'un traité (art. 11). C'était dans ces cas seulement, d'après ces auteurs, qu'un étranger pouvait invoquer la loi de 1824. Nous ne pouvons admettre cette théorie et voici pourquoi. La loi de 1824 a fait de l'usurpation du nom du lieu un délit. Or il est de principe que les lois pénales régissent en France les étrangers et que ceux-ci sont fondés à y poursuivre la répression d'un délit dont ils ont été victimes. Il fallait donc décider que cette loi était applicable aux étrangers sans condition.

De même le bénéfice de l'art. 1382 devait être accordé à l'étranger quel qu'il soit, parce que le droit de se faire indemniser du préjudice occasionné par un délit dérive évidemment du droit des gens.

La loi du 26 novembre 1873 est venue trancher cette difficulté. Elle décide, dans son art. 3, que les dispositions en vigueur touchant le *nom commercial* seraient applicables au profit des étrangers si dans leur pays la législation ou des traités internationaux assurent aux Français les mêmes garanties. Il est évident que la législation a visé par là la loi de 1824 en entier et que la nouvelle disposition s'applique aussi bien aux noms des localités qu'aux noms des individus.

Des villes étrangères. — Les fabricants des villes étrangères dont le nom a été usurpé en France sont-ils fondés à réclamer la protection de la loi de 1824 ?

M. Bédarride (1) ne reconnaît pas ce droit aux villes étrangères. « Le nom d'une ville, dit cet auteur, n'appartient à personne privativement et la pensée d'en interdire l'usage aux industriels d'une autre localité n'est dûe qu'au légitime désir de défendre et de protéger l'un des éléments de notre industrie nationale. » C'est là une opinion exagérée. Sans doute, la loi de 1824 a été édictée dans le but de protéger les fabricants français, mais il ne faut pas oublier non plus qu'elle a pour objet également de préserver le consommateur des fausses indications de provenance. Or, on ne peut sérieusement soutenir que la tromperie n'existe pas, lorsqu'elle porte sur un nom de ville étrangère. Un tel fait constitue évidemment le délit prévu par la loi de 1824 : le consommateur a le droit de se plaindre et avec lui les fabricants étrangers, s'ils se trouvent dans les conditions exigées par la loi de 1873.

Donc, depuis cette loi, la réciprocité diplomatique ou légale est nécessaire pour qu'un étranger réclame la protection de la loi française.

(1) N° 791.

DEUXIÈME PARTIE

CHAPITRE PREMIER

CONVENTIONS INTERNATIONALES.

La répression des fraudes relatives aux indications de provenance n'est efficace qu'autant qu'elle peut s'opérer aussi bien à l'étranger que dans l'intérieur du pays. L'industrie et le consommateur ne sont véritablement protégés que si les délits commis à leur préjudice peuvent être punis, quelque soit l'endroit où ils sont consommés. Or, d'après l'article 5 du Code d'instruction criminelle, celui qui, à l'étranger, s'est rendu coupable d'un fait qualifié délit par la loi française, ne peut être poursuivi en France que s'il est Français et si le fait est puni par la législation du lieu où il a été commis. Il en résulte que le plus souvent le contrefacteur sera complètement à l'abri des poursuites. C'est pour remédier à cet inconvénient et étendre la compétence de nos tribunaux aux contrefaçons commises à l'étranger, que la loi du 26 novembre 1873 a établi un timbre ou signe spécial destiné à affirmer l'authenticité de la provenance des marchandises sur lesquelles il est apposé (1). Si, comme le législateur l'espérait, cette pratique s'était répandue dans les habitudes de l'industrie, les contrefacteurs, pour écouler leurs produits falsifiés, auraient été obligés d'imiter, en même temps que la marque particulière du fabricant, le poinçon de l'État. Ce n'aurait plus été seulement un délit, mais un crime qu'ils auraient commis. L'article 7 du Code d'instruction criminelle les rendait alors justiciables des tribunaux français, même s'ils étaient étrangers. Mais soit à cause du droit élevé (2), perçu pour l'apposition du poinçon de

(1) D'après l'art. 1er : « Tout propriétaire d'une marque de fabrique « ou de commerce, déposée conformément à la loi du 23 juin 1857, « pourra être admis, sur sa réquisition écrite, à faire apposer par « l'État, soit sur des étiquettes, bandes ou enveloppes en papier, soit « sur les étiquettes ou estampilles en métal sur lesquelles figure sa « marque, un timbre ou poinçon spécial destiné à affirmer l'authen- « ticité de cette marque. Le poinçon pourra être apposé sur la marque « faisant corps avec les objets eux-mêmes, si l'administration les en « juge susceptibles. »

(2) Art. 2. — « Il sera perçu, au profit de l'État, par chaque appo- « sition du timbre, un droit qui pourra varier de un centime à un « franc. Le droit dû pour chaque apposition du poinçon sur les objets « eux-mêmes, ne pourra être inférieur à cinq centimes, ni excéder « cinq francs. »

l'État, soit à cause des lenteurs de l'administration à opérer cette apposition, la loi de 1873 resta à peu près lettre morte, et le but du législateur ne fut pas atteint.

Pour assurer à ses nationaux le bénéfice des lois étrangères, la France a conclu de nombreux traités avec les principaux-pays. Régulièrement nous devrions examiner ces différents traités avant de passer à l'examen de la convention de 1883 et des arrangements de Madrid, qui sont venus coordonner et augmenter les progrès accomplis dans le sens de la répression par les traités bilatéraux. Nous avons cru préférable, pour la clarté de l'exposition, de rejeter dans notre chapitre deuxième, relatif aux dispositions étrangères sur le lieu de provenance, l'étude de ces traités particuliers : Ils n'ont d'importance, en effet, relativement à la matière qui nous occupe, qu'autant qu'ils sont conclus avec des pays dont la législation protège le lieu de provenance, et d'autre part tous ceux passés avec les pays unionistes n'existent plus aujourd'hui, du moins à notre avis.

L'idée de jeter les bases d'une législation internationale applicable à tous les pays et de fonder entre eux une Union pour la protection de la propriété industrielle fut émise à l'exposition de Vienne de 1873, pour les brevets d'invention, par un congrès d'ingénieurs. Elle fut reprise et adoptée au congrès international de la propriété industrielle, qui s'organisa au Trocadéro en 1878. Le but poursuivi a été nettement indiqué par

M. Lyon-Caen à l'ouverture de ce congrès : « Il ne « faut pas espérer, dans l'état actuel des choses, arriver « à avoir, dans tous les pays, des lois sur la propriété « industrielle qui soient communes sur tous les points, « c'est une utopie. Ce qu'on peut espérer seulement, « c'est que les nations s'entendent pour avoir des lois « communes sur les points principaux, et je crois que « l'objet essentiel de ce congrès est de déterminer ces « points principaux sur lesquels les nations peuvent « s'entendre. Ce qui rend impossible la confection des « lois unifiées absolument dans tous les pays sur ces « matières, c'est qu'elles se rattachent étroitement au « droit civil, à la procédure civile, au droit commercial, « au droit pénal et à la procédure criminelle, il faudrait « que toutes les branches de la législation fussent uni- « formisées pour qu'on pût unifier complètement les « lois relatives à la propriété industrielle, et ce n'est pas « possible. »

Ce qu'on voulait, c'était un minimum d'unification. C'est ce que la convention de 1883 a créé, nous allons le voir.

A. — Convention de 1883.

Le congrès de 1878 posa les bases de la convention à intervenir, et, avant de se séparer, nomma une commission internationale permanente pour continuer l'œuvre commencée. Cette commission obtint la réunion d'une conférence officielle à Paris, où vingt puissances se firent représenter.

La présidence fut donnée à M. Bozérian, sénateur.

Les travaux de la conférence furent terminés le 20 novembre 1880, par la rédaction d'un projet de convention qui fut envoyé à toutes les puissances. La convention fut signée à Paris, le 20 mars 1883, par les onze Etats suivants : Belgique, Brésil, Espagne, France, Guatemala (1), Italie, Pays-Bas, Portugal, Salvador (2), Serbie, Suisse. — Ont envoyé ultérieurement leur adhésion : Equateur (3), St-Domingue (11 juillet 1890), Angleterre, Suède et Norwège (1er juillet 1885), Tunisie, Etats-Unis (18 mars 1887), Surinam, Curaçao (1er juillet 1890), Nouvelle-Zélande, Queensland (7 septembre 1891) (4).

En France, la Convention fut adoptée le 30 juin 1883, au Sénat, sur le rapport de M. de Parieu, et à la Chambre des Députés sur le rapport de M. Félix Faure. Elle fut promulguée le 7 juillet 1884.

(1) Le Guatemala a dénoncé la convention de 1883 le 8 novembre 1894. Aux termes de l'art. 18, il se trouve lié jusqu'au 8 novembre 1895.

(2) L'Équateur a dénoncé la convention le 26 décembre 1885.

(3) Le Salvador, le 17 août 1886.

(4) Le Danemark a accédé à la convention le 1er octobre 1894.

Nous n'envisagerons la convention qu'aux deux points de vue suivants, qui seuls ont rapport à notre sujet : le traitement des étrangers et la répression des fausses indications de provenance.

§ I. — *Traitement des étrangers.*

« ART. 2. — *Les sujets ou citoyens de chacun des Etats jouiront dans tous les autres Etats de l'Union, en ce qui concerne le nom commercial, des avantages que les lois respectives accordent actuellement ou accorderont par la suite aux nationaux...* »

« ART. 3. — *Sont assimilés aux sujets ou citoyens des Etats contractants les sujets ou citoyens des Etats ne faisant pas partie de l'Union qui sont domiciliés ou ont des établissements industriels ou commerciaux sur le territoire de l'un des Etats de l'Union.* »

Une remarque s'impose d'abord : l'art. 2 ne parle que du nom commercial et nullement du lieu de fabrication ou de production, faudrait-il en conclure qu'un sujet d'un Etat signataire ne pourrait pas, dans un pays unioniste qui protège ce lieu, réclamer le bénéfice de la loi ? Evidemment non ; ce serait aller contre la pensée des membres de la conférence qui ont entendu protéger la propriété industrielle dans toutes ses applications (1). Le nom de lieu est sans aucun doute contenu dans le nom commercial. C'est la solution de la jurisprudence d'ailleurs pour l'interprétation des conventions bilatérales antérieures à l'Union : lorsqu'un traité ne s'explique que sur les marques de fabrique, on est d'accord pour l'étendre au nom commercial et au lieu de fabrication, nous le verrons plus loin.

La convention de 1883 assimile donc, purement et simplement, tous les membres de l'Union aux nationaux, et décide, en outre, que les citoyens des Etats ne faisant pas partie de l'Union pourront réclamer la protection dans les Etats de l'Union, s'ils satisfont à certaines conditions que nous allons examiner.

Il faut d'abord qu'ils soient *domiciliés* dans un Etat unioniste. Et il ne s'agit pas là d'un domicile fictif mais bien d'un domicile réel.

Une deuxième condition consiste à *posséder un établissement industriel ou commercial* dans un *Etat unioniste.* Des questions délicates pourront se présenter à ce sujet. Les tribunaux auront, pour les résoudre, une appréciation souveraine et, quoiqu'en disent les détracteurs de l'Union, les fraudes ne seront guère possibles. Il sera toujours facile de se rendre compte si l'on est en présence d'un établissement sérieux ou

(1) L'art. 1 du protocole de clôture de la convention, nous l'avons vu plus haut, est formel à ce sujet.

établi seulement pour la forme. Le quatrième arrangement de Madrid apportait au texte primitif des modifications destinées à faire disparaître toute crainte de fraude. Malheureusement il n'a pas été ratifié.

M. Douzel (1), adversaire acharné de la convention, critique tout spécialement cette assimilation des étrangers aux nationaux, sans aucune réciprocité : « Il « s'agit, en réalité, dit-il, d'une véritable union inter- « nationale pour la protection, en France, de la pro- « priété industrielle étrangère, puisque cette conven- « tion a principalement pour effet de soustraire à la « condition d'une réciprocité équitable l'acquisition, « en France, et la conservation des droits privatifs sur « leurs marques..... au profit d'étrangers appartenant « même à des pays dont la loi ne protège pas la pro- « priété industrielle des nationaux. » C'est là une critique qui ne nous paraît guère fondée. La disposition des art. 2 et 3 (2), loin d'être avantageuse aux Etats non contractants, leur est plutôt nuisible à notre avis. Ne sollicite-t-elle pas les citoyens de ces Etats à transporter dans un pays contractant tout ou partie de

(1) Cre de la convention de 1883, page 166 et suivantes.

(2) M. Bozérian, dans une brochure qu'il fit paraître en 1885 sur la convention, explique que l'art. 3 correspond à une transaction entre deux systèmes dont l'un consistait à n'accorder le bénéfice de la convention qu'aux citoyens des États contractants, et l'autre à mettre tous les étrangers sans condition sur le même pied.

leurs affaires ? Et lorsque la prévision de la loi se réalise, c'est-à-dire lorsqu'un industriel étranger est venu se fixer dans un pays de l'Union, il est de toute justice de protéger, aussi complètement que possible, cet étranger qui vient contribuer au développement économique du pays. Il paye les mêmes impôts, il supporte les mêmes charges que les nationaux, il doit avoir les mêmes avantages.

Cette disposition est, suivant nous, à l'abri de tout reproche : elle est basée sur l'équité et sur l'intérêt, bien entendu, des Etats de l'Union.

Notons, d'ailleurs, que l'art. 3 n'a pas la portée étendue que se plaisent à lui reconnaître certains auteurs. Un industriel d'un Etat non contractant ne saurait se prévaloir du régime de la convention que pour les produits provenant de l'établissement qu'il possède dans un Etat unioniste et non pas pour ses produits en général (1). Ce que chaque Etat unioniste a entendu protéger, ce sont les établissements situés sur son territoire, toute question de nationalité mise à part.

§ II. — *De la fausse indication de provenance.*

Déjà, au congrès de 1878, M. Maillard de Marafy

(1) C'est la théorie soutenue par M. Renault, un des plus ardents défenseurs de la convention.

avait proposé, au nom du comité, d'adopter le projet suivant :

« Tous les produits étrangers portant la marque « d'un fabricant résidant dans les pays d'importation « ou une indication de provenance dudit pays sont « prohibés à l'entrée et exclus du transit et de l'entre- « pôt et peuvent être saisis en quelque lieu que ce « soit, soit à la diligence de l'administration des « Douanes, à la requête soit du ministère public, soit « de la partie lésée ». C'était en réalité la reproduction de l'article 19 de la loi de 1857.

A la conférence de 1883, les délégués français soumirent de nouveau ce projet à l'approbation de l'Assemblée. De nombreuses protestations s'élevèrent alors. Le délégué de la Suisse, pays de transit, déclara que son gouvernement se refusait à admettre la saisie en cas de simple passage sur son territoire. D'autres Etats, parmi lesquels l'Italie, déclarèrent qu'il était dangereux de permettre aux douaniers d'opérer la saisie de leur autorité propre ; ils proposèrent alors de substituer aux mots : *sera prohibé*, la phrase « *pourra être prohibé* », et de laisser à chaque législation le soin de déterminer dans quel cas la saisie pourrait avoir lieu. En fin de compte, l'article fut renvoyé à la commission, qui, laissant de côté tout ce qui avait rapport à l'indication de provenance, mit aux voix un article qui devint l'article 9 de la convention :

« Tout produit portant illicitement une marque de

« fabrique ou de commerce ou un nom commercial, « pourra être saisi à l'importation dans chacun des « Etats de l'Union dans lesquels cette marque ou ce « nom commercial a droit à la protection légale ».

Restait la question de l'indication de provenance. A ce sujet, le délégué suédois, demanda une définition qui permît d'atteindre l'indication de provenance, sans frapper l'indication de procédé de fabrication. Il voulait éviter que désormais des fers portant la marque de Lancashire fûssent, comme cela était arrivé, prohibés à l'entrée en Angleterre. Il fallait, d'après lui, mettre en dehors des prévisions de la convention la simple indication de méthode de fabrication. Cette demande eut pour résultat de faire ajouter à l'article la dernière phrase, qui ne rend la disposition applicable que lorsqu'il y a à la fois tromperie sur l'indication de provenance et sur le nom commercial qui l'accompagne. Evidemment cette disposition est regrettable, il eût été préférable de frapper la fausse indication de provenance sous toutes ses formes. La conférence n'a pas osé le faire de crainte de créer des difficultés au commerce en frappant des dénominations génériques usuelles, telles que gants de Suède, velours d'Utrecht. Elle a préféré n'atteindre que la fraude bien caractérisée. Nous verrons plus loin que l'inconvénient de cette mesure n'était pas, du moins pour la France, aussi grand que les adversaires de la convention ont bien voulu le dire.

L'article 10 est ainsi rédigé :

« Les dispositions de l'art. 9 sont applicables à tout « produit portant, faussement, comme indication de « provenance le nom d'une localité (1), déterminée « *lorsque cette indication sera jointe à un nom fictif* « *ou emprunté dans une intention frauduleuse.* »

Si nous comparons les art. 9 et 10 avec l'article 19 de la loi de 1857, nous remarquons les différences suivantes. Il n'est plus question ni du transit, ni de l'entrepôt. L'administration des douanes n'a plus le pouvoir d'opérer la saisie (2). Enfin, ce qui est plus important, l'art. 10 ne permet pas la saisie d'objets portant une simple indication de lieu : comme drap d'Elbeuf, vin d'Ay. Il faut qu'à côté du nom de localité qui n'est pas celle de la provenance des produits, soit ajouté un nom d'industriel fictif, emprunté dans une intention frauduleuse. Ainsi, un Autrichien envoie de son pays en Suisse des vins mousseux qu'il qualifie : *Champagne Ay supérieur. Si l'étiquette ne contient pas d'autres mots*, l'article 10 est inapplicable. C'est seulement dans le cas où l'étiquette porterait : *Moët et Chandon, Epernay*, par exemple que la saisie pourrait être pratiquée en vertu de l'article 10.

(1) L'art. 10 ne protège que les noms de localités, ce qui exclut les noms de contrées ou de régions : France, Champagne, Bourgogne.

(2) L'art. 9 dispose en effet, 2e alinéa : « La saisie aura lieu à la requête, soit du ministère public, soit de la partie intéressée... »

Le mot « emprunté » contenu dans l'article 10 a donné lieu à une interprétation fantaisiste de la part du plus acharné des adversaires de la convention. M. Douzel n'hésite pas à décider que l'article 10 ne s'applique pas au cas où le fabricant étranger appose le nom du fabricant français sur l'ordre de ce dernier. Car alors, dit-il, « il n'y a pas emprunt « de nom. Où serait en effet l'emprunteur? Le fabri- « cant étranger ? il n'emprunte pas, il ne paye aucune « redevance; le fabricant français? pas plus, car il « emprunterait alors son propre nom, ce qui serait un « non-sens. Donc, pas de fraude. » Cette théorie n'est guère fondée. Il y a là un pur jeu de mots. Il est clair que dans la pensée du législateur le mot emprunté signifie « employé dans l'intention de tromper » et non pas « obtenu à titre de prêt », comme on le dit malicieusement.

§ III. — *La convention de 1883 a eu pour but d'assurer aux divers Etats un minimum de protection.*

L'article 10 de la convention assure aux sujets des divers Etats un minimum de protection dans les rapports internationaux. Chaque Etat reste, par conséquent, libre de prendre chez lui toutes les mesures qu'il croit nécessaires pour la répression des fraudes. C'est ainsi qu'en France l'article 19 de la loi de 1857 et, depuis 1892, l'article 15 du nouveau tarif des douanes protègent, en France, les industriels contre les fausses indications de provenance. C'est là un point qui ne fait pas de doute si l'on considère le but même de la convention. Dans la pensée de tous, la convention était conclue dans l'intention d'arriver à une unification aussi grande que possible dans la répression de la fraude. Elle n'était destinée qu'à assurer un minimum de garantie à chaque Etat qui conservait la faculté d'appliquer sa loi si elle était plus rigoureuse ou d'instituer des mesures plus sévères, si le besoin s'en faisait sentir.

Cette *théorie du minimum* a cependant fait l'objet des plus vives critiques (1). Nous devons examiner les principales objections qu'on a adressées à ses défenseurs :

1° La théorie du minimum aurait été inventée après coup, pour permettre l'application de la loi intérieure, qui, sans cela, serait devenue à peu près lettre morte. Cette critique ne tient pas devant un examen approfondi des procès-verbaux des conférences qui ont eu lieu à Paris. Sans doute, le texte même de la convention ne dit rien à ce sujet ; mais c'est précisément parce que les délégués des divers Etats ne pensaient pas qu'il

(1) M. Douzel (*op. cit.*), pages 281 et stes.

pût y avoir des doutes sur le but de l'œuvre internationale. Nous avons fait connaître la déclaration faite à ce sujet au congrès de 1878 par M. Lyon-Caen, nous y ajoutons un fragment du discours d'ouverture prononcé par M. Tirard, ministre du commerce et de l'agriculture, à la séance du 4 novembre 1880. La tâche des délégués s'y trouve nettement délimitée : « Nous re-« chercherons les moyens de constituer une Union qui, « *sans porter atteinte à la législation particulière* « *des Etats*, aurait pour avantage immédiat, non seu-« lement d'assurer aux sujets de ces Etats tous les « droits dont jouissent les nationaux....., mais encore « d'établir plusieurs dispositions générales et uni-« formes dont jouiront également tous les natio-« naux des pays contractants. » Peut-on proclamer plus énergiquement le respect des législations intérieures ?

2° Cette théorie ne serait pas juridique. L'article 10 est en réalité un article définissant un fait délictueux, or il est de principe que les dispositions pénales s'appliquent strictement et à la lettre : ce qui n'est pas défendu par la loi est permis. Cette objection serait fondée si l'article 10 était un article de loi pénale. Il n'en est rien. Il ne faut pas donner à cet article une portée qu'il n'a jamais eue. Ce serait contraire à la pensée des rédacteurs de la convention qui n'est autre chose en réalité que l'engagement pris par chacun des Etats de l'Union de s'assurer entre eux un minimum de protection.

3° Elle serait enfin contredite par l'article 4 du protocole de clôture : « Sous réserve des dispositions des articles de la convention, la législation intérieure de chaque Etat recevra son application ». L'article 10 de la convention ayant le même objet que l'article 19 de la loi de 1857 en empêcherait l'application. C'est là, à notre avis, une singulière interprétation de l'art. 4 qui ne vise évidemment que les dispositions de la loi intérieure en contradiction formelle avec celles de la convention et nullement celles conçues dans le même but.

On ne saurait donc sérieusement soutenir que la théorie du minimum doive être rejetée. Elle a le mérite d'être en rapport avec l'esprit même de la convention et, de plus, l'avantage de permettre d'atteindre les tromperies sous quelque forme qu'elles apparaissent. « Il ne faut pas oublier en effet, comme le dit avec « beaucoup d'esprit M. Pouillet (1), que c'est à ré- « primer la fraude que se sont appliqués les délégués « des diverses nations et non pas à la propager comme « le laisseraient volontiers supposer les adversaires de la « convention... On montre en effet à ces derniers qu'il « est une façon d'interpréter la convention qui ferait « disparaître leurs critiques. Ils ne veulent rien en- « tendre ; ils préfèrent conserver leurs craintes et ils font « tous leurs efforts pour démontrer que l'interpréta-

(1) *Journal de Berne*, 1892, page 18.

« tion qui devrait être conforme à leur désir doit être « repoussée. »

Du reste, plusieurs des Etats unionistes ont montré que l'article 10 n'avait nullement enchaîné la liberté des nations contractantes. L'Angleterre, nous le verrons, n'a pas hésité à établir, en 1887, une législation très sévère pour empêcher les fausses indications de provenance. Le Brésil a adopté en 1887 une loi qui punit l'indication d'une localité qui n'est pas celle de la provenance réelle de la marchandise, que cette indication *soit accompagnée ou non d'un nom supposé ou frauduleusement emprunté*. Peut-on montrer plus nettement que l'article 10 n'est qu'un minimum de répression que l'on peut renforcer.

En présence de ces faits, il n'est pas téméraire de décider que non seulement la convention n'a pas aboli l'article 19 de la loi de 1857, mais aussi que c'est en toute justice que l'art. 15 du tarif des douanes de 1892 est venu augmenter la protection.

Au reste, cet article 10, qui a déchaîné tant de tempêtes, a été modifié par la convention de Madrid : le conflit que nous venons d'examiner n'a plus actuellement d'intérêt que si l'on envisage les Etats qui n'ont pas signé les arrangements de 1890.

B. — Conférence de Rome.

D'après les prescriptions mêmes de la convention de 1883, une nouvelle réunion eut lieu à Rome, en 1886, dans le but d'améliorer les dispositions existantes.

La première question abordée fut celle de savoir si la convention de 1883 devait être ou non revisée. Le délégué des Pays-Bas émit l'avis qu'une revision serait prématurée et, par 5 voix contre 4, la conférence se rangea à cette opinion.

On résolut alors de compléter et d'éclaircir certains points de la convention.

Nous examinerons plus loin, dans l'étude des arrangements de Madrid, les décisions qui furent prises relativement au traitement des étrangers. Bornons-nous à mentionner ici les modifications proposées à la répression des fausses indications de provenances.

On commença par étendre la portée de l'article 10. Sur la proposition des délégués français et anglais, la conférence adopta un projet aux termes duquel la saisie des produits était possible, même si la fausse indication de provenance n'était pas accompagnée d'un nom commercial fictif ou emprunté dans une intention frauduleuse. Cette mesure fut vivement combattue, sans succès d'ailleurs, par les Italiens. M. Monzilli prétendit qu'elle allait contre l'usage qui existait partout de revêtir certains produits de la désignation d'une localité renommée et qui n'était pas blâmable, puisqu'en réalité cette mention procurait à la localité « une réclame gratuite ». Ce singulier langage, digne plutôt d'un fraudeur que d'un délégué pour la protection de la propriété industrielle, ne réussit pas à convaincre les membres de la conférence.

C'était là un résultat appréciable ; malheureusement il fut compromis par l'adoption d'une proposition du délégué belge. On décida que la saisie « ne serait pas « possible, quand il serait prouvé que c'était du con« sentement du fabricant dont le nom se trouvait « apposé sur les produits importés que cette apposition « avait été faite. »

Ce fut le coup de grâce de la convention de Rome. Cet article allait contre l'opinion que la Cour de cassation venait d'émettre dans son arrêt du 23 février 1884. La nouvelle mesure n'avait aucune chance de succès devant le Parlement.

La conférence de Rome resta sans ratification. Les propositions qu'on y adopta furent reprises par la conférence de Madrid dont il nous reste maintenant à parler.

C. — Arrangements de Madrid.

Toutes les puissances faisant partie de l'Union de 1883, sauf la Serbie et la République dominicaine, envoyèrent des délégués à la conférence de Madrid.

Pour arriver à un résultat, la conférence dut diviser ses résolutions en quatre protocoles distincts, à chacun desquels on pût adhérer librement.

§ I. — *De la répression des fausses indications de provenance* (1).

Le bureau international et l'administration espagnole reprirent le projet adopté à Rome à ce sujet et proposèrent la disposition suivante :

« Tout produit portant *illicitement* une fausse indi-
« cation de provenance dans laquelle un des Etats con-
« tractants ou un lieu (2) situé dans l'un d'entre eux

(1) Cette matière fait l'objet du premier protocole.

(2) Le mot lieu est pris dans un sens large et désigne aussi bien une contrée ou une région qu'une localité. L'art. 4 le prouve en déclarant que les appellations *régionales* de provenance des produits vini-

« serait, directement ou indirectement, *mentionné* « comme pays ou comme lieu d'origine, *pourra* « *être* saisi (1) à l'importation dans chacun des dits « Etats. »

Grâce à cette rédaction, on pouvait atteindre désormais les fausses indications sous toutes leurs formes. Cette sévérité ne parut pas encore suffisante aux délégués de plusieurs Etats. Celui de la Grande-Bretagne demanda que le mot « mentionné » fût remplacé par le mot « indiqué », afin de pouvoir frapper plus sûrement les désignations indirectes. Le Portugal fit supprimer les mots « illicitement » et mettre « sera saisi » au lieu de « pourra être saisi ». Ce changement n'avait pas pour but d'établir l'obligation de saisir dans tous les cas, mais seulement lorsque réquisition en était faite, nous allons le voir. Avec ces modifications de détail, le projet fut adopté et devint l'article premier du premier arrangement.

Une difficulté s'éleva relativement à la saisie des produits. Certains Etats, comme les Etats-Unis, n'admettent pas ce moyen de procédure dans leur législa-

coles ne peuvent être considérées comme génériques. Elles sont donc protégées par la Convention.

(1) La saisie n'a pas lieu en cas de transit (art. 2). Elle peut être requise aussi bien par les *sociétés* que par les *individus* ; l'article 2 est formel et supprime la discussion que la Convention de 1883 avait fait naître à ce sujet.

tion intérieure. Ils arrivent cependant à prohiber l'importation des marchandises portant une mention frauduleuse. Il suffit de déposer à la douane un exemplaire de l'indication que l'on suppose être contrefaite, pour que les produits portant cette marque soient repoussés à l'entrée, à moins bien entendu qu'ils ne soient accompagnés d'un laisser-passer signé par l'ayant droit. Les Etats-Unis demandèrent à la Conférence de mettre la nouvelle disposition de la convention d'accord avec leur pratique. On fit droit à leur réclamation, en ajoutant les paragraphes suivants :

« Si la législation d'un Etat n'admet pas la saisie à « l'importation, cette saisie sera remplacée par la « prohibition d'importation.

« Si la législation d'un Etat n'admet pas la saisie à « l'intérieur, cette saisie sera remplacée par les actions « et moyens que la loi de cet Etat assure en pareil « cas aux nationaux ».

On aborda ensuite la discussion de l'article qui avait fait sombrer la conférence de Rome. Le délégué belge faisant remarquer que le plus souvent le consommateur s'attache plus à l'adresse du commerçant en qui il a confiance, qu'à la mention du lieu de fabrication, proposa de reconnaître à ce commerçant le droit d'apposer, sur les produits qu'il met en vente, son nom et celui de son domicile. C'était exactement la disposition de la conférence de Rome.

Mais sur la demande du délégué de Suède et Norwège, on y ajouta un correctif qui enlève l'inconvénient du premier projet. Le commerçant doit ajouter à son adresse une mention de nature à empêcher toute équivoque. Ce qui est interdit, c'est de faire passer le lieu de domicile du commerçant pour le lieu de fabrication (1). La nouvelle mesure est en complet accord avec l'arrêt de la Cour de cassation de 1884, qui n'interdisait, nous le savons, la fausse mention d'une localité, que lorsque la localité indiquée était connue pour ses produits et lorsque la mention avait les apparences d'une indication de provenance. Elle a de plus l'avantage, à notre avis, de donner satisfaction à tous les intérêts : le commerçant pourra faire apposer son nom sur des produits pour la fabrication desquels il aura recours à la main-d'œuvre étrangère, mais il ne pourra pas tromper le consommateur qui saura, grâce à la précaution prise par la convention, qu'il achète à un négociant français une marchandise d'origine étrangère.

Ce qui est exigé, c'est l'indication précise et en

(1) L'art. 3 est ainsi conçu : « Les présentes dispositions *(celles de « l'art. 2 que nous avons vues plus haut)* ne font pas obstacle « à ce que le vendeur indique son nom et son adresse sur les produits « provenant d'un pays différent de celui de la vente ; mais dans ce « cas l'adresse, ou le nom, doit être accompagné de l'indication pré« cise et en caractères apparents du pays ou du lieu de fabrication « ou de production. »

caractères apparents du pays ou du lieu de fabrication ou de production ; la mention générale de fabrication étrangère n'a pas été jugée suffisante. Aussi les produits portant seulement « fabriqué à l'étranger » ou autre mention analogue devront-ils être saisis (1) à l'importation. Ce sera chose facile dans les pays, comme l'Angleterre, où la saisie est opérée par l'administration des douanes *proprio motu*. Les agents arrêteront toutes les marchandises portant une indication non autorisée par la convention et nous verrons plus loin, qu'à ce sujet, l'administration anglaise se montre d'une excessive sévérité. Mais dans les pays où la saisie ne peut être opérée qu'à la requête de la partie lésée (2), la disposition nouvelle sera d'une application presque impossible. Quelle est la partie lésée, lorsque la marchandise porte la mention « fabriqué hors de Suisse » par exemple ? On est obligé de reconnaître que dans ce cas le produit passera à la douane sans difficulté. C'est là un des inconvénients résultant de ce que tous les pays unionistes n'accordent pas à la doua e la faculté de saisir. Il était impossible de l'éviter.

(1) Nous supposons naturellement qu'il s'agit d'États admettant la saisie.

(2) En Suisse, par exemple, la saisie ne peut être ordonnée par le tribunal que si la partie intéressée en fait la demande. Nous le verrons plus loin.

§ II. — *Appellations génériques.*

Le premier arrangement de Madrid, comme la conférence de Rome l'avait fait, accorde aux tribunaux le droit de décider quelles sont les appellations qui, à raison de leur caractère générique, ne sauraient constituer une fausse indication de provenance. C'est là une pure question de fait qu'il était nécessaire de laisser à la libre appréciation des tribunaux. La Chambre de commerce de Paris a critiqué cette disposition ; elle voulait qu'on déterminât, dans la convention, les dénominations qui devraient être traitées comme telles. Cette prétention était exagérée. On pouvait seulement espérer la mise hors du pouvoir d'appréciation des juges de certaines désignations. C'est ce que la conférence a fait, sur la proposition des délégués français, pour les appellations de produits vinicoles. On a pensé avec raison que les noms de localité, en ce qui concerne les vins, correspondent à des conditions particulières de terroir et de climat qui ne peuvent être suppléées par une préparation, si habile qu'elle soit. Que les dénominations « eau de Cologne », « gants de Suède » soient considérées comme des procédés de fabrication, il n'y a rien à dire, parce que la perfection de ces produits peut être obtenue aussi grande ailleurs qu'à

Cologne ou en Suède. Pour les vins, il n'en est pas de même; ils tiennent leur qualité du sol même qui les produit. Il était de toute justice d'éviter que des tribunaux étrangers déclarent, par exemple, que le mot « champagne » désigne un vin mousseux obtenu par un procédé spécial, alors qu'en France la jurisprudence est unanime à décider que cette dénomination est une pure indication de provenance.

Nous ne pouvons donc qu'approuver la rédaction de l'article 4 :

« Les tribunaux de chaque pays auront à décider « quelles sont les appellations qui, à raison de leur « caractère générique, échappent aux dispositions du « présent arrangement, les appellations régionales de « provenance des produits vinicoles n'étant pas cependant comprises dans la réserve statuée par cet « article ».

§ III. — *Modifications proposées aux dispositions relatives au traitement des étrangers* (1).

Déjà, à Rome, on avait senti le besoin de déterminer exactement la portée de l'article 3 de la convention

(1) Dans un quatrième protocole, qui n'a pas été ratifié, la conférence de Madrid interprétait certaines dispositions de la conférence de 1883

de 1883. On pensa qu'on s'était montré trop généreux jadis, en assimilant aux sujets des Etats de l'Union, ceux des Etats non-unionistes, à la seule condition qu'ils soient domiciliés dans un des Etats de l'Union ou qu'ils y aient un établissement industriel ou commercial. Aussi décida-t-on que cette assimilation n'aurait lieu que lorsque ces étrangers seraient propriétaires exclusifs desdits établissements ou seraient représentés par un mandataire général. La première condition était imposée dans le but d'empêcher plusieurs industriels ou commerçants de s'entendre ensemble pour établir à frais communs un établissement dans un des pays de l'Union ; la seconde rendait impossible la création d'établissements fictifs, établis seulement pour la forme.

Tel était le projet adopté à Rome ; il fut repris par la conférence de Madrid. M. Pelletier, délégué de la Tunisie, demanda d'y ajouter l'obligation, pour les intéressés, de justifier de la réalité et de la continuation de leur exploitation. On y consentit et la disposition devint l'article 4 du quatrième protocole :

« Pour pouvoir être assimilés aux sujets ou citoyens « des Etats contractants, aux termes de l'article 3 de

qui avaient donné lieu à des difficultés. Les seules qui nous intéressent et que nous allons examiner sont celles relatives au traitement des étrangers et à la question des marques municipales ou collectives.

« la convention, des sujets ou citoyens des Etats ne « faisant pas partie de l'Union et qui, sans y avoir « leur domicile, possèdent des établissements indus- « triels ou commerciaux sur le territoire d'un des Etats « de l'Union, doivent être propriétaires exclusifs des « dits établissements, y être représentés par un man- « dataire général et justifier, en cas de contestation, « qu'ils y exercent, d'une manière réelle et continue, « leur industrie ou leur commerce. »

§ IV. — *Marques municipales ou collectives.*

L'art. 5 du quatrième arrangement (1) était relatif aux marques collectives, dont nous avons déjà eu occasion de parler :

« Les marques de fabrique, municipales ou collec- « tives, seront protégées au même titre que les marques « individuelles. Le dépôt pourra en être effectué et « l'usurpation poursuivie par toute autorité, associa- « tion ou particulier intéressé. »

Quelles sont les marques collectives qui auraient pu réclamer la protection de l'art. 5 du quatrième arrangement ? Ce sont d'abord les marques municipales, comme

(1) Ce quatrième arrangement, nous l'avons dit, n'a pas été ratifié.

celle que la ville de Lyon a adoptée pour ses soieries. Puis les marques des associations syndicales ; ces sortes de marques n'existent pas encore chez nous, du moins pour un genre d'industrie déterminé. L'Union des fabricants, composée des membres appartenant aux genres d'industrie et de commerce les plus divers, possède en effet une marque spéciale. Nul doute que le timbre de garantie de l'Union n'ait pu bénéficier de la disposition de l'article 5.

Le dépôt de ces marques collectives est nécessaire, naturellement. Par qui aurait-il pu être effectué ? D'après le texte, il pouvait l'être par toute autorité : la municipalité de Lyon, association : union des fabricants, ou particulier intéressé. Dans ce dernier cas, bien que l'article 5 fût muet à cet égard, le dépôt n'aurait pu être effectué par un particulier qu'au nom de la collectivité. Un des membres de l'association n'aurait pu évidemment le faire en son propre nom et acquérir ainsi un droit privatif sur la marque collective.

Il en était de même du droit de poursuite. Un particulier pouvait poursuivre la répression de la contrefaçon de la marque commune, mais il devait agir au nom de l'association.

CHAPITRE II

LÉGISLATIONS ÉTRANGÈRES. — TRAITÉS CONCLUS PAR LA FRANCE AVEC LES DIFFÉRENTES NATIONS.

Avant la convention de 1883, la plupart des législations étaient muettes sur le lieu de fabrication ou de production. A plus forte raison, l'introduction d'objets portant une fausse indication de provenance n'était-elle l'objet d'aucune disposition. Il n'y avait guère alors que la France, l'Angleterre et le Portugal qui aient établi des mesures protectrices en cette matière. La raison de cette exception se trouve facilement. Pour que des dispositions de cette nature soient utiles, il faut d'abord qu'il y ait, dans le pays, des localités ou des villes spécialement réputées pour certains produits, et ensuite que le prix de revient y soit plus élevé qu'à l'étranger. C'est ce qui avait lieu pour les Etats que nous avons cités plus haut et particulièrement pour l'Angleterre et la

France, où la main-d'œuvre était alors et est encore aujourd'hui plus chère que dans les pays voisins.

La convention de 1883 a donné partout le signal d'une guerre acharnée contre la fraude. De nombreuses dispositions de loi sont venues rétablir, du moins dans une certaine mesure, la loyauté et la bonne foi dans les relations commerciales.

Nous allons passer en revue les législations actuellement en vigueur dans les différents États, en même temps que nous signalerons les traités conclus par la France avec chacun de ces États.

A propos de ces traités, deux questions se posent ; nous devons les résoudre avant d'aborder notre étude.

A. — *La Convention de 1883 a-t-elle annulé les traités particuliers conclus entre les États unionistes?*

D'abord l'Union internationale pour la protection de la propriété industrielle a-t-elle eu pour effet de mettre à néant les traités bilatéraux existant antérieurement entre les pays unionistes? C'est un point qu'il est intéressant de déterminer, pour le cas où des États, usant de la faculté que leur donne l'art. 18, dénonceraient la convention. On a prétendu que ces traités subsistaient, et cela pour deux raisons : d'abord il ne serait pas logique d'accorder (art. 15) aux états contractants la faculté de conclure entre eux des traités bilatéraux si les traités antérieurs ne subsistaient pas. Pourquoi ces traités n'existeraient-ils pas dans le passé puisqu'ils peuvent exister dans l'avenir? La deuxième raison invoquée, c'est que ce régime de traités résultant pour la plupart d'articles de traités de commerce, il serait inadmissible qu'une convention relative à la propriété industrielle ait pu abroger, même partiellement, un traité de commerce, sans que cela ait été formellement spécifié dans un article de la convention. Nous n'admettons pas cette opinion, parce qu'elle va contre la volonté des États contractants. Il est de plus naturel qu'une convention portant sur une matière déterminée annule celles passées auparavant sur le même sujet. Les traités particuliers, conclus avant l'union entre les différents États unionistes ne subsistent plus, à notre avis.

On pourrait cependant soutenir, étant donné le but de la convention de 1883 qui a été d'assurer un minimum de protection, que les traités particuliers ne sont annulés qu'autant qu'ils sont moins protecteurs que la convention de 1883. Cette remarque n'a pas d'intérêt pour notre matière puisqu'aucun des traités particuliers ne protégeait expressément le lieu de provenance. Mais il n'en est pas de même pour les marques de fabrique. Ainsi un traité franco-suisse du 23 février 1882 contient une disposition plus sévère que celle de la convention de 1883. La Cour de Genève, dans un arrêt du 14 mai

1888 (1), a déclaré : « Que le traité franco-suisse de « 1882 a toujours été considéré comme continuant à « subsister malgré la convention de 1883, et cela par « les deux parties contractantes ; ce fait résulte notam- « ment de la déclaration signée à Berne, le 28 janvier « 1887, par le président de la Confédération et l'am- « bassadeur de France, déclaration qui implique le « maintien du traité de 1882. »

Cette théorie a d'ailleurs été consacrée en matière de propriété artistique et littéraire par la convention de Berne de 1886. L'acte additionnel dit formellement : « La convention n'affecte en rien le « maintien des conventions actuellement existantes « entre les pays contractants en tant que ces conven- « tions confèrent aux auteurs ou à leurs ayant-cause des « droits plus étendus que ceux accordés par l'Union, « ou qu'elles renferment d'autres stipulations qui ne « sont pas contraires à cette convention. » Cette disposition a été insérée dans la convention à la demande des délégués français et, en particulier, de M. Renault (2). Il est regrettable que les délégués de 1883 n'aient pas pris la même précaution, afin d'éviter toute difficulté à ce sujet.

(1) Dictionnaire de M. Maillard de Marafy. V° *Suisse.*

(2) « La France tenait particulièrement à cette disposition, parce « qu'elle voulait que la convention nouvelle réalisât des progrès sur « tel ou tel point, mais ne constituât un recul sur aucun. » *Propriété*

B. — *Interprétation de ces traités.*

Ces traités, bilatéraux pour la plupart, n'établissent la réciprocité que relativement aux marques de fabrique. Bien peu parlent du nom commercial, aucun du nom de fabrication ou de production. Faut-il interpréter strictement les termes de ces conventions ou bien, au contraire, leur donner un sens large? La Cour de Rouen (1) a tranché la question relativement à la convention franco-danoise de 1860 : « Considérant que le traité de 1860 « est une convention internationale et que dès lors il « doit être interprêté selon les règles de l'équité et de « la bonne foi ; que la *formule « marque de com- « merce » qu'il emploie comprend dans sa généra- « lité, aussi bien les prévisions de la loi de 1824 « que celles de la loi de 1857* ». Or la loi de 1824 est la seule qui s'occupe du lieu de fabrication. Nous pouvons donc dire, nous basant sur l'arrêt de la Cour de Rouen, qui a été confirmé par la Cour de cassation (2),

littéraire et artistique, t. II, M. Lyon-Caen. Ainsi la convention du 9 juillet 1884, entre la France et l'Italie, continue à subsister.

(1) C. de Rouen, 24 juin 1869.

(2) La C. de cassation a rendu un arrêt de principe où il est dit : « que les conventions diplomatiques relatives à la réciprocité en « matière de marques, étendent virtuellement leurs effets par ana- « logie à l'usurpation du nom d'un fabricant ou de la raison commer- « ciale d'une fabrique, réprimée par la loi du 28 juillet 1884. » Arrêt du 27 mai 1870.

Ces arrêts et le jugement cité plus loin sont relatés dans le dicque le lieu de fabrication est compris dans la formule « marque de fabrique », et à plus forte raison dans l'expression « nom commercial ». Au surplus, n'est-il pas évident que les puissances, en traitant entre elles, avaient dans l'idée de s'assurer réciproquement la protection de la propriété industrielle dans toutes ses applications. Or le nom d'une ville ou d'une région représente une valeur commerciale, une propriété collective qui mérite la même protection que le nom d'un individu. Il est juste de mettre ces deux noms sur la même ligne et de les assimiler tous deux aux marques de fabrique, dans l'interprétation des traités. C'est ce qu'a jugé le tribunal correctionnel de Lyon, relativement à la ville autrichienne de Zara (1).

Les traités que nous allons mentionner devaient ou doivent (ceux passés avec les nations ne faisant pas partie de l'Union) s'appliquer à l'indication de provenance. Mais naturellement la protection n'est réciproque qu'autant qu'elle est reconnue et sanctionnée par les lois respectives des deux Etats.

Examinons donc quels sont les Etats où le lieu de provenance est soumis à la protection de la loi. Nous prendrons d'abord les Etats qui ont adhéré aux arrangements de Madrid, ensuite ceux qui n'ont signé que la

tionnaire de M. Maillard de Morafy, auquel nous avons emprunté ces arguments pour établir notre théorie.

(1) Dictionnaire de M. Maillard de Marafy.

convention de 1883, enfin ceux qui ne font pas partie de l'Union. Il n'y a que les traités passés par la France avec ces derniers Etats qui subsistent aujourd'hui.

§ I. — *Etats ayant signé les arrangements de Madrid.*

1° **Angleterre** (1).

La *loi du 25 août 1883* protège les noms de lieux de fabrication qui sont considérés comme la propriété des fabricants qui y ont des établissements (2).

La *loi sur les marques de marchandises du 23 Août 1887* punit, dans son titre II, le fait d'apposer frauduleusement sur des marchandises une fausse désignation commerciale. La loi définit, dans le titre III, ce qu'il faut entendre par désignation commerciale, c'est spécialement « toute désignation, déclaration ou autre indi-

(1) L'Angleterre n'avait pas adhéré au 4e protocole, relatif au traitement des étrangers et aux marques collectives; elle a signé le premier relatif à la répression des fausses indications de provenance.

(2) M. Mesnil cite même un arrêt de la Cour suprême de justice, reconnaissant « le droit exclusif d'employer le nom d'une localité à « celui qui, le premier, y a introduit un genre d'industrie nouveau ». C. suprême de justice, haute Cour, division de chancellerie, 12 février 1878. Voir Mesnil, nom commercial, 1887.

« cation directe ou indirecte concernant le lieu ou le « pays où des marchandises ont été faites ou pro- « duites ».

L'article 16 prohibe l'importation de « toutes mar- « chandises de fabrication étrangère portant un nom « et une marque qui sont réellement, ou qui sont con- « sidérés comme étant le nom ou la marque d'un « fabricant, d'un marchand ou d'un négociant du « Royaume Uni, à moins que le dit nom, ou la dite « marque, ne soit accompagné de l'indication bien « définie du pays dans lequel les marchandises ont été « fabriquées ou produites ».

Un réglement établi par les commissaires des douanes en vertu de l'art. 16, en date du 1er décembre 1887, déclare punissables les désignations commerciales contenant le nom d'un lieu ou d'un pays calculé en vue d'induire en erreur, quant au lieu de fabrication ou de production ; et une ordonnance du 22 décembre 1887, déclare (art. 9) qu'il faut considérer comme telles les mots : Windsor Soap, Kidderminster Carpets, Shetland (sur des châles), ainsi que (art. 10) toute phrase, tout mot, vocable ou emblème mentionnant ou indiquant directement ou indirectement que la fabrication ou la production a lieu dans le Royaume-Uni.

Ces réglements donnent une grande latitude d'appréciation à la douane qui se montre d'une extrême sévérité. Ainsi, elle refuse les produits portant une simple notice explicative rédigée en anglais, ou une mention comme « patented ». Elle a même saisi des marchandises marquées « album », « fahrenheit », du lard fumé portant « mild cured ».

Une convention du 28 février 1882, remplaçant un traité du 23 janvier 1860, accordait (art. 10) aux Français en Angleterre, et réciproquement, la même protection qu'aux nationaux (1).

2° Brésil.

L'article 15 de la loi du 14 octobre 1887 défend de faire usage « des marques d'industrie ou de com- « merce contenant indication d'une localité ou d'un « établissement qui n'est pas celui de la provenance de « la marchandise ou du produit, que cette indication « soit accompagnée ou non d'un nom supposé ou « autre que celui du propriétaire »

Toute infraction à cet article est punie d'une amende de 100,000 à 500,000 reis.

Les étrangers établis au Brésil sont traités comme les nationaux; les étrangers, et même les Brésiliens établis au dehors, ne peuvent invoquer la loi que s'il existe une convention de réciprocité.

(1) Pataille, 82, 145.

La France avait conclu avec le Brésil une convention de réciprocité, le 12 avril 1876 (1).

3° Espagne.

Aucun texte ne vise les fausses indications de provenance. Il existe seulement au Code pénal un article 552 qui punit ceux qui commettent une fraude en matière de propriété littéraire ou industrielle.

La France avait conclu avec l'Espagne, *le 6 février 1882*, un traité (2) qui a été dénoncé par la France.

4° Portugal.

La loi du 4 juillet 1883 interdit d'apposer, sur des produits, un lieu autre que celui de la provenance, « à moins qu'il ne soit d'un usage traditionnel de dési-« gner des produits d'une région déterminée par le « nom d'une certaine localité sous lequel ils seraient « généralement connus (art. 5, 2°) ».

De plus, la loi prescrit à tout industriel de faire figurer dans sa marque, à côté du lieu de production, sa firme ou son nom.

(1) Pataille, 76, 337.

(2) Pataille, 82, 148.

L'art. 30 ordonne la saisie à l'importation des produits étrangers portant l'indication d'une localité portugaise, à moins que le produit ne soit accompagné « d'un document authentique ou légalisé prouvant que « c'est du consentement de l'intéressé qu'il est fait « usage de la marque ou du nom figurant sur les pro- « duits venant de l'étranger (art. 31) ».

Les étrangers établis en Portugal jouissent des mêmes droits que les nationaux, les autres seulement en cas de réciprocité légale.

Un traité de commerce (1) conclu entre la France et le Portugal, le 19 décembre 1881, a été dénoncé par la France.

5° Suisse.

La loi du 26 septembre 1890 punit les fausses indications de provenance, non seulement lorsqu'elles sont apposées sur des produits, mais encore quand elles figurent sur des enseignes, annonces, prospectus, factures, lettres ou papiers de commerce (art. 26).

La poursuite a lieu d'office ou sur plainte et peut aboutir à la condamnation à une amende de 30 à 500 francs ou à un emprisonnement de trois jours à trois mois.

(1) Ce traité avait été promulgué le 14 mai 1882. Pataille, 82, 150.

La loi consacre tout le titre deuxième aux indications de provenance. Elle autorise un fabricant d'une localité à faire apposer sur des produits fabriqués ailleurs le nom de cette localité, pourvu que l'indication de provenance soit accompagnée de la raison de commerce du fabricant ou de sa marque de fabrique. Elle fait également exception en cas de dénomination générique (art. 30).

L'action civile ou pénale peut être intentée par tout fabricant ou producteur lésé et par une collectivité jouissant de la capacité civile. Le même droit est reconnu à l'acheteur (art. 27). Toute partie lésée peut d'ailleurs demander au tribunal d'ordonner la saisie de la marchandise litigieuse (art. 31), mais nous savons déjà que la loi suisse n'autorise pas la saisie en cas de transit ; il en est de même en cas d'entrepôt.

Les étrangers sont assimilés (art. 7) aux nationaux quand ils ont le siège de leur production en Suisse. Autrement, ils n'y ont protection qu'en cas de réciprocité de traitement. La réciprocité diplomatique n'est pas exigée, la réciprocité légale ou même basée sur le droit coutumier suffit.

La convention du 23 février 1882, entre la France et la Suisse, a été dénoncée par cette dernière, à partir du 1er février 1892.

6° Tunisie.

La loi tunisienne du 3 juin 1889 (1) est une juxtaposition de la loi de 1824 et de la loi de 1857.

§ II. — *Etats n'ayant adopté que la Convention de 1883.*

1° Belgique.

Quoique l'art. 498 du Code pénal punisse d'emprisonnement celui qui aura trompé l'acheteur sur l'origine de la chose vendue, l'administration belge a toujours soutenu qu'il n'existait, en Belgique, aucune disposition sur la fausse indication de provenance.

C'est ce qui ressort de la réponse faite par la Belgique à la circulaire du bureau international de Berne (journal du 1er octobre 1889) : « La législation intérieure ne « réprime l'emploi des fausses indications ni quand « elles sont employées seules, ni quand elles sont « accompagnées d'un nom commercial fictif ou em- « prunté dans une intention frauduleuse. » C'est là

(1) Voir *Journal de Berne*, 1891, page 74.

une opinion qui nous paraît injustifiable tant que l'art. 498 du Code pénal sera en vigueur.

Une convention de réciprocité relative aux marques, conclue le 31 octobre 1881 (1), approuvée par la loi du 11 mai 1882, a été dénoncée par la Belgique à partir du 1er février 1892.

2° Danemark (2).

La loi du 11 avril 1890 ne protège pas le nom collectif du lieu de fabrication; elle ne garantit que le lieu appartenant spécialement au fabricant, individu ou société lorsque le nom du lieu fait partie de sa marque.

Un traité avait été conclu, le 7 avril 1880 (3), entre la France et le Danemark.

3° Etats-Unis.

La loi du 3 mars 1881 protège le nom du lieu de fabrication à l'égal du nom commercial.

(1) Pataille, 82, 81.

(2) Le Danemark a accédé à la convention de 1883 et fait partie de l'Union depuis le 1er octobre 1894.

(3) Pataille, 80, 177.

Une loi du 1er octobre 1890 (Bill Mac-Kinley) décide, art. 6, que :

« Tous les objets de fabrication étrangère qui, usuel-
« lement ou d'ordinaire, sont marqués, timbrés ou
« étiquetés, ainsi que tous paquets contenant des
« articles importés, devront être respectivement et
« clairement marqués, timbrés et étiquetés en *anglais*
« lisiblement, de manière à indiquer leur pays d'ori-
« gine. Faute d'être ainsi marqués, timbrés et étiquetés,
« ils ne seront pas admis à l'entrée. »

Cette loi a été suivie d'une circulaire en date du 28 janvier 1891, qui en a réglé l'application. Elle a décidé en particulier pour les vins de Champagne, que la loi serait suffisamment respectée si les emballages extérieurs portaient le nom du pays d'origine. Nous avons vu qu'aux États-Unis la saisie n'était pas possible; mais qu'on arrivait au but par un autre moyen.

Les étrangers sont protégés comme les nationaux, d'après la loi de 1881, si leur nation accorde la réciprocité aux citoyens des États-Unis.

Une convention avait été conclue le 18 avril 1869 (1) avec faculté de la dénoncer d'année en année.

(1) Pataille, 69, 257.

4° Hollande.

Une loi du 22 juillet 1885 a modifié la loi du 25 mai 1880 dans le sens de la convention d'union.

L'art. 4 de la nouvelle loi et l'art. 337 du Code pénal punissent d'une amende de 25 à 600 florins et d'un emprisonnement de huit jours à trois mois, ou de l'une de ces deux peines seulement, « celui qui, intentionnel-
« lement, importe en Hollande, sans qu'il soit bien
« établi que c'est dans le but de réexportation, des
« marchandises portant faussement, sur elles-mêmes
« ou sur leur emballage, comme indication d'origine,
« le nom d'un lieu déterminé accompagné d'un nom
« ou d'une raison de commerce fictifs. »

La loi n'est applicable aux étrangers établis hors de Hollande qu'en cas de réciprocité diplomatique.

5° Italie.

Avant 1890, la loi italienne ne contenait aucune disposition relative aux fausses indications de provenance. Elle atteint aujourd'hui, par l'art. 295 du Code pénal, la tromperie sur l'origine. Cet article, conçu dans des termes très généraux, punit de la réclusion de 6 mois au plus ou d'une amende de cinquante à trois mille lires « quiconque, dans l'exercice de son commerce, trompe

« l'acheteur en lui livrant une chose d'une origine dif-« férente de celle qui est déclarée ou dont on est con-« venu. »

L'art. 297 frappe de la réclusion d'un mois à deux ans et d'une amende de 50 à 5000 lires « quiconque « aura introduit dans l'État, pour en faire commerce, ou « met en circulation des produits de son industrie, que « ce soit avec des noms, marques ou signes de nature « à tromper l'acheteur sur l'origine du produit, est « puni d'un mois à deux ans et d'une amende de 50 à « 5000 lires. »

La France avait conclu avec l'Italie, le 29 juin 1862 (1), un traité assurant la réciprocité aux sujets des deux nations, et, le 3 novembre 1881 (2), un traité de commerce.

6° Serbie.

La loi du 30 mai 1884 prohibe (art. 23) l'entrée, le transit et l'entrepôt des marchandises portant illicitement une marque tendant à faire passer la marchandise comme étant de provenance serbe.

De plus, en dehors de cette loi, le nom de lieu de provenance est protégé par la promulgation qui fut

(1) Pataille, 63, 321.
(2) Pataille, 82, 152.

faite, en Serbie, de l'art. 10 tel qu'il fut modifié à la conférence de Rome.

La loi ne parle pas des étrangers.

7° Suède.

La loi du 5 juillet 1884 ne protège pas le lieu de provenance, mais une ordonnance du 9 novembre 1888 interdit l'entrée en Suède des produits portant une fausse désignation d'origine. Cependant, cette prohibition est écartée lorsqu'il est évident qu'il n'y a pas intention d'induire en erreur ; lorsque, par exemple, « la désignation d'origine suédoise est accompagnée « d'une mention suffisamment apparente que le produit « est de fabrication étrangère ».

Une loi norvégienne du 26 mai 1884 est muette sur le lieu de provenance.

Une convention (1) conclue entre la France et la Norwège, le 30 novembre 1881, a été dénoncée par la France.

(1) Pataille, 82, 153.

§ III. — *Etats ne faisant pas partie de l'Union Internationale.*

1° Allemagne.

Avant 1894, le nom de lieu de provenance n'était pas protégé en Allemagne. Malgré l'insistance des fabricants, particulièrement de ceux de Bielefeld (pour les toiles de lin), à réclamer des mesures répressives, malgré l'intérêt que les crus renommés auraient trouvé dans des dispositions protectrices, la loi de 1874 ne s'occupait pas de ce sujet.

Une question se pose au sujet de l'Alsace-Lorraine. Comment faut-il interpréter le traité de Francfort, en ce qui concerne la propriété industrielle? La jurisprudence a établi : « que dans l'intention évidente des « hautes parties contractantes, le traité devait être « interprété en ce sens que l'*uti possidetis* avait « été assuré aux Alsaciens-Lorrains dans la me- « sure du possible et que les lois françaises en vigueur « au moment de l'annexion devaient, par suite, être « considérées comme lois locales ».

C'est ce qu'a décidé la Cour suprême d'Allemagne dans un arrêt du 18 septembre 1888 (1) : « Dans le

(1) Voir M. Maillard de Marafy, *Dictionnaire de la propriété industrielle*, V° *Alsace.*

« traité de paix du 10 mai 1871 et les conventions « additionnelles qui s'y rattachent, on trouve une « tendance bien marquée à ne rien changer aux droits « formés par suite de l'union antérieure de l'Alsace- « Lorraine à la France et même de maintenir au- « tant que possible les avantages de la situation « passée. »

Les lois françaises continuent donc à pouvoir s'appliquer en Alsace-Lorraine lorsqu'elles ne sont pas en contradiction avec une disposition de la loi allemande. Or la loi allemande de 1874 ne s'occupe que du nom commercial et est muette en ce qui concerne le nom de lieu. Il n'y a pas abrogation des dispositions de la loi française de 1824 relatives à cette dernière matière. C'est ce qu'a jugé la Cour suprême d'Allemagne dans l'arrêt que nous avons rapporté plus haut.

Un traité conclu, le 9 mai 1865, entre la France et le Zolwerein a été remis en vigueur après la guerre par la convention de Francfort du 11 décembre 1871 (1). Cette convention a été confirmée par une déclaration du 11 octobre 1873. L'art. 28 de cette convention stipule que les sujets de chacun des Etats contractants jouiront respectivement dans l'autre de la même protection que les nationaux, relativement aux marques de

(1) Pataille, 71, 169 et 73, 369.

fabrique. Nous avons vu plus haut que cette réciprocité devait être étendue au nom du lieu de provenance. Il en résulte alors qu'un habitant de l'Alsace-Lorraine est fondé à invoquer, en France, la loi de 1824 en ce qui concerne la protection du lieu de fabrication ou de production, et réciproquement, tandis que les mêmes droits n'existent pas entre les Français et les autres habitants de l'Allemagne parce que la loi allemande de 1874 ne contient aucune disposition relative à la matière.

Telle était la situation sous l'empire de la loi de 1874. La loi *pour la protection des marques de marchandises*, du 12 mai 1894, s'occupe du lieu de provenance.

L'art. 16 punit d'une amende de 150 à 5.000 marcs ou d'emprisonnement jusqu'à six mois :

« Quiconque aura faussement muni des marchandi-
« ses, ou leur emballage ou enveloppe, ou des annonces,
« prix courants, réclames, factures, etc., des armoiries
« d'un Etat, ou du nom, ou des armoiries d'une localité,
« d'une commune ou d'une Union communale plus
« étendue, dans le but d'induire en erreur sur la qua-
« lité et la valeur des marchandises. »

Les marchandises étrangères sont, en vertu de l'art. 17, saisies à l'importation ou en transit, « lors-
« qu'elles sont revêtues illégalement d'une raison de
« commerce ou d'un nom de lieu allemand ou d'une

« marque de marchandises enregistrée dans le rôle « des marques ».

Enfin la loi nouvelle contient une disposition qui parait viser spécialement la pratique anglaise qui est très sévère, nous l'avons dit, et qui arrête toutes les marchandises non munies de la mention « *made ni germany* ». Il s'agit de l'art. 22 qui décide : « Lorsque « des marchandises allemandes, introduites à l'étranger « à l'importation, seront soumises à l'obligation de « porter une mention faisant reconnaître leur origine « allemande, ou lorsqu'elles seront traitées en douane « d'une manière moins favorable que celles d'autres « pays, en ce qui concerne les marques apposées sur « les marchandises, le Conseil fédéral sera en droit « d'imposer une charge correspondante aux marchan- « dises étrangères importées en Allemagne ou qui y « entreraient en transit, et il pourra ordonner la saisie « et la confiscation des marchandises en cas de con- « travention. »

2° Autriche-Hongrie.

La loi du 6 janvier 1890 (2) ne contient aucune disposition. Les fausses indications de provenance ne sont

(2) *Journal de Berne*, 92, 43. La loi a été promulguée le 19 février 1890.

pas réprimées et ne peuvent donner lieu à une saisie, ni à l'importation, ni en transit, ni à l'entrepôt.

Le traité conclu par la France avec l'Autriche-Hongrie, le 7 novembre 1881, ne peut pas être appliqué dans notre matière, puisque le lieu de provenance n'est pas protégé par la loi autrichienne.

3° Argentine (République).

La loi du 14 août 1876 punit, art. 28, d'une amende de 20 à 500 piastres ou de la prison de 15 jours à un an « ceux qui, avec intention frauduleuse, mettent ou « font mettre sur une marchandise, une énonciation ou « toute autre désignation fausse relative au lieu ou pays « dans lequel elle a été fabriquée, ou d'où elle a été « expédiée ».

La même peine frappe ceux qui mettent en vente ces marchandises.

La loi accorde protection aux étrangers, en ce qui concerne les marques de fabrique. Faut-il étendre cette disposition au lieu de provenance ?

La France n'a pas conclu de traité avec la République Argentine.

4o Canada.

La loi du 22 mai 1888 réprime la tromperie sur la provenance. De plus, d'après l'art. 18, le vendeur est présumé garant de la réalité des marchandises portées à cet égard sur le produit, « à moins que le contraire se « trouve exprimé par écrit dans un document signé par « le vendeur, ou en son nom, et délivré à l'acheteur au « moment de la vente et du contrat de vente ».

Les désignations génériques ne tombent pas sous le coup de la loi. Cependant il y a délit lorsque la mention est disposée de telle façon qu'on donne à croire à l'acheteur que le produit a été fabriqué au lieu dont le nom est dénomination générique.

Les tribunaux admettent les étrangers au bénéfices de la loi, sans aucune condition de réciprocité.

5o Grèce.

La loi du 22 février 1893 (1), sur les marques de fabrique et de commerce, ne parle pas du lieu de provenance; elle ne réprime que la contrefaçon ou l'imitation frauduleuse des marques.

(1) *Journal de Berne*, 94, 103.

6° Roumanie.

La loi du 14-26 avril 1879 ne contient, comme disposition relative au lieu de provenance, que l'article 25, qui est la reproduction de l'article 19 de la loi française de 1857.

Les étrangers établis en Roumanie sont assimilés aux nationaux; les autres, seulement si leur pays a conclu une convention de réciprocité avec la Roumanie.

Il en existe une entre la France et la Roumanie en date du 12 avril 1894 (1), qui décide que « les Français en « Roumanie et les Roumains en France jouissent de la « même protection que les nationaux ». Un Français serait donc fondé à invoquer, en Roumanie, l'art. 25 de la loi de 1879.

7° Russie.

Le Code des lois de l'Empire (édition de 1887), au titre relatif à l'industrie, ne contient aucune disposition relative au lieu de provenance. Une circulaire du département des Douanes, du 12 juin 1885, dispose seulement que « les produits étrangers revêtus d'une

(1) Pataille, 89, 240.

« marque de fabrique russe, ne peuvent, en aucun cas, « être admis en Russie, ainsi que les produits étran- « gers revêtus des armes de l'Empire russe. »

Dans ces conditions, le traité de commerce conclu avec la Russie, le 1er avril, 28 mars 1874, relativement aux marques de fabrique, est sans intérêt pour notre étude.

8° Turquie.

L'article 21 de la loi du 10 mai 1888 punit « ceux « qui ont contrefait ou frauduleusement imité sur des « produits le nom d'une localité de l'empire autre que « celle de la véritable provenance ».

L'importation en Turquie est libre ; les produits ne sont prohibés à la douane que s'il y a des réclamations (art. 22).

Les étrangers sont assimilés aux nationaux, lorsqu'ils sont établis dans l'empire Ottoman. Autrement il faut, entre leur pays et la Turquie, une convention de réciprocité.

Il n'y a pas de traité entre la France et la Turquie.

9° Uruguay.

La loi du 1er mars 1877 reproduit la loi Argentine du 14 août 1876.

Les étrangers sont admis au bénéfice de la loi sans condition de réciprocité.

CHAPITRE III

DU PROJET DE LOI.

Le 29 février 1884, M. Bozérian et plusieurs de ses collègues déposèrent au Sénat un projet relatif aux fraudes tendant à faire passer pour français des produits fabriqués à l'étranger. L'examen de ce projet fut confié à une commission qui fut amenée, dans ses études, à reconnaître l'insuffisance des lois concernant la protection des marques, du nom commercial et enfin du lieu de fabrication ou de production. La nécessité s'imposait en effet de réunir et de coordonner les lois diverses relatives à cette matière, pour y apporter les nombreuses modifications et y ajouter les dispositions nouvelles réclamées depuis longtemps. C'est ce qu'entreprit la commission sénatoriale; elle substitua au projet primitif et déposa, le 16 décembre 1887, une proposition de loi embrassant à la fois les marques, les noms commerciaux, la raison de commerce et le lieu de provenance. Après avoir été mise à l'ordre du jour de la séance du 7 février 1888, la discussion fut ajournée au 23 mars. A cette séance, le Ministre du commerce obtint du Sénat le retrait temporaire de son ordre du jour, afin de procéder à une enquête administrative. La proposition de loi fut en conséquence soumise aux Chambres et Tribunaux de commerce ainsi qu'aux Cours et Tribunaux. Les avis émis par ces différents corps furent pris en considération par le rapporteur, M. Dietz-Monnin, qui proposa à la commission, qui l'adopta, une rédaction nouvelle de la proposition.

Nous allons exposer, en les commentant brièvement, les dispositions de cette proposition qui ont trait au sujet qui nous occupe (1).

A. — L'article 17, règle le *droit à l'usage du nom d'un lieu de fabrication ou de production.*

« Nul ne peut faire usage commercial du nom d'une « ville, localité, région ou pays s'il n'y a un éta- « blissement de commerce, d'industrie ou de pro- « duction.

« Nonobstant cette prohibition, chacun a la faculté

(1) Nous citerons ces dispositions dans l'ordre des articles.

« de désigner un produit par le nom du lieu où ce pro-
« duit a été fabriqué ou obtenu, ainsi que d'apposer le
« nom du lieu de son principal établissement sur les
« produits fabriqués en France, par lui, dans une
« autre localité française.

« Dans le cas où le nom d'une localité n'est pas
« employé pour désigner le lieu où le produit a été
« obtenu, il doit toujours être accompagné d'indica-
« tions manifestement apparentes et propres à empê-
« cher toute confusion de situation locale ou de pro-
« venance.

« Nul ne peut pareillement faire usage de la marque
« particulière appartenant à un lieu de fabrication ou
« de production, pour désigner certains genres de pro-
« duits, s'ils n'ont été obtenus dans ce lieu.

« Est réputé lieu de fabrication ou de production :
« la ville, la localité ou le pays dont le nom donne au
« produit sa renommée.

« Dans tous les cas, lorsque deux ou plusieurs loca-
« lités françaises portent le même nom, nul ne pourra
« employer ce nom sans y joindre une mention dis-
« tinctive et précise (1).

(1) C'est ainsi que le rapporteur cite 14 localités du nom de Villefranche, 17 Saint-Michel, 20 Saint-Léonard, 42 Bourg, etc.

Il y a là une cause de confusion qu'il importe d'éviter en obligeant à préciser le nom de la localité par celui du canton, de l'arrondissement ou du département.

« Toutefois, n'est pas interdit l'emploi du nom « d'une localité, ville, région, pays, quand ce nom « est devenu, par un usage constant, la désignation « générique d'une classe de produits fabriqués, ou « d'un procédé de fabrication et qu'il est employé sans « intention de fraude. »

D'abord l'article 17, à la différence de la loi de 1824, vise les produits naturels aussi bien que les produits fabriqués. Désormais, les fausses indications de provenance seront réprimées de la même façon s'il s'agit de produits naturels ou de produits fabriqués. C'est là une innovation aussi juste qu'utile. Ce n'est pas la seule.

L'article 17 indique les conditions nécessaires pour se servir du nom d'une ville ou d'une région et tranche notamment la question de savoir si un commerçant peut inscrire son adresse sur des produits qu'il vend et qui ont une origine étrangère à la ville qu'il habite. Le législateur, comme le fait remarquer M. Dietz-Monnin (1), se trouvait placé entre deux systèmes : « La « théorie quelque peu arbitraire de la Cour de cassa- « tion (arrêt de 1884) établit la distinction suivante : « telle ville est-elle réputée centre de fabrication pour « tel produit, aucun produit similaire ne peut porter « sur lui, à quelque titre que ce soit (désignation ou « adresse), le nom de cette localité, s'il n'en provient

(1) Rapport, page 443.

« pas. Au contraire, telle ville n'est-elle pas réputée « centre de fabrication pour un produit déterminé, « tout le monde jouit alors de la liberté la plus entière « d'user et d'abuser du nom de cette localité (1). Il « y a évidemment quelque chose de fâcheux dans « ce système, car aucun réglement général ne peut « être établi par les tribunaux classant des villes par « centre de fabrication et par produits réputés. Telle « ville peut être d'ailleurs regardée comme centre de « fabrication ou de production pour un produit déter- « miné et, dix ans après, ou à plus bref délai, avoir « perdu cette réputation. Un autre système consistait « à interdire à quiconque d'user du nom d'une localité « s'il n'y est pas établi et pour des produits obtenus « ailleurs. Nous avons cru injuste de priver les négo- « ciants d'inscrire leur adresse sur des produits qui « proviendraient d'une localité autre que celle où ils « sont établis. Ils ont des droits incontestables à cette « indication pourvu qu'elle ne favorise pas la fraude. » Le commerçant pourra donc mettre son adresse sur les produits qui ne sont pas obtenus dans le lieu où il habite, à la condition cependant d'éviter « toute confusion de situation locale ou de provenance ». L'article 17 ne va pas aussi loin que l'article 3 du premier arran-

(1) Nous avons dit qu'à notre avis la loi de 1824 devait s'appliquer même lorsque le nom usurpé n'était pas celui d'un lieu réputé pour la fabrication de ses produits.

gement de Madrid, qui exige, dans ce cas, nous l'avons vu, l'indication précise du lieu de fabrication ou de production. Tout ce que l'on demande ici, c'est que le commerçant soit sincère et ne cherche pas à faire naître dans l'esprit de l'acheteur un doute sur la provenance véritable du produit. Cette disposition ne peut être qu'approuvée.

Il n'en est pas de même, suivant nous, de la faculté reconnue à chacun « d'apposer le nom du lieu de son principal établissement sur les produits fabriqués en France par lui dans une autre localité française ». Sans doute, si cette mesure ne s'appliquait qu'aux produits fabriqués proprement dits, nous n'aurions aucun reproche à lui adresser. Qu'un fabricant de tissus, qui a son principal établissement à Reims et qui fait tisser au dehors, dans une succursale située à Rethel, ait le droit d'apposer sur son produit : « tissus de Reims », il n'y a là rien de contraire à l'équité. Le tissu fait à Rethel peut être identique et d'aussi bonne qualité que celui fait à Reims ; il n'y a là qu'une question de procédé. Mais nous ne pouvons admettre que cette faculté soit accordée relativement aux produits naturels, aux vins par exemple. Il suffirait alors à un négociant, ayant son principal établissement en Champagne, d'établir une succursale à Saumur, pour pouvoir livrer les vins de l'Anjou sous le nom de champagne. Sans doute cette faute existe déjà ; mais aujourd'hui du moins on est armé contre elle.

On atteint difficilement les fraudeurs, mais enfin on peut les poursuivre. La nouvelle disposition, au contraire, leur donnerait un abri derrière lequel ils pourraient se livrer librement à leurs pratiques contraires à la morale, mais désormais permises par la loi. Il est de toute nécessité, à notre avis, de limiter la faculté en question aux produits fabriqués proprement dits et de mettre, par une disposition formelle, hors de cette mesure les produits naturels du sol, quelque soit le travail auquel ils sont soumis, pour être livrés au commerce ou à la consommation.

B. — Les articles 19 et 20 sont relatifs au *traitement des étrangers*.

Article 19 : « La présente loi est applicable dans les « mêmes conditions qu'aux Français (1), aux étrangers « qui possèdent en France des établissements industriels, commerciaux ou de production, pour les marques « et les *titres* servant à caractériser l'exploitation de ces

(1) La première condition, dit le rapporteur, est que la marque ou le titre servent à désigner une maison ou un établissement d'industrie, de commerce ou d'exploitation situés en France et pour les produits qui y sont obtenus ou vendus. La seconde est que l'étranger remplisse toutes les conditions imposées aux Français pour l'acquisition et l'exercice du droit exclusif de propriété d'une marque ou d'un titre commercial.

« établissements et sans qu'il soit nécessaire pour « eux de justifier d'une autorisation de résidence. »

Article 20 : « Les étrangers et les Français dont les « établissements industriels, commerciaux ou de pro- « duction sont situés hors de France, pourront invo- « quer sa protection pour..., les titres servant à « caractériser l'exploitation de ces établissements, si, « dans les pays où ils sont situés, des conventions « diplomatiques ou des lois intérieures ont établi direc- « tement ou indirectement la réciprocité pour les « *titres français.* »

Dans la première rédaction de la proposition de loi, ces deux articles contenaient en outre cette phrase : « pour les noms apposés sur les produits de ces établissements ». Le rapporteur, M. Dietz-Monnin, a supprimé ces mots, prétendant « qu'il y avait là une « superfétation sans intérêt, puisque, si le nom est « sous une forme distinctive apposé sur des objets, il « constitue une marque, et que, dans le cas contraire, « il est considéré comme un *titre commercial.* »

C. — L'art. 23 est un des plus importants du projet : il vise les *fraudes ou manœuvres tendant à faire passer pour français des produits fabriqués à l'étranger ou en provenant.*

« Tous produits étrangers, portant soit sur eux- « mêmes, soit sur des emballages, caisses, ballots,

« enveloppes, bandes ou étiquettes (1), etc. une « marque, un nom, un signe ou une indication de « nature à faire croire qu'ils ont été fabriqués en « France ou qu'ils sont d'origine française, sont « prohibés à l'entrée, exclus de l'entrepôt et de la cir- « culation, doivent être saisis, confisqués en quelque « lieu que ce soit, soit à la diligence de l'administration « des douanes, soit à la requête du ministère public « ou de la partie lésée (2), lors même qu'ils auraient « été expédiés sur l'ordre ou du consentement de « l'ayant-droit résidant en France.

« La présente prohibition s'applique également : « 1° aux produits étrangers portant le nom d'une région « ou d'un lieu français ; 2° aux produits étrangers fa- « briqués ou naturels obtenus dans une localité de « même nom qu'une localité française, qui ne porteront » pas, en même temps que le nom de cette localité, le « nom du pays d'origine.

« Sont exceptés les produits étrangers, lorsque les « marques et désignations ci-dessus seront accom- « pagnées, en caractères apparents, de la mention

(1) L'art. 19 de la loi de 1857 ne parlait que de l'apposition de la fausse indication sur le produit lui-même ; mais la jurisprudence n'avait pas tardé à étendre la disposition à l'apposition sur les enveloppes, caisses, ballots, etc., nous l'avons vu plus haut.

(2) Le projet reconnait donc, ainsi que l'art. 19 de la loi de 1857, le droit de faire pratiquer la saisie : à l'administration des douanes,

« *importé* et conformes aux dispositions de l'art. 17 « de la présente loi (1).

« Sont, en outre, prohibés à l'entrée tous produits « étrangers portant une indication de nature à faire « croire qu'ils sont d'une origine différente de celle « révélée par le lieu d'expédition indiqué dans la lettre « de voiture ou le connaissement, à moins qu'il ne « soit justifié de la sincérité de l'indication (2).

« Dans le cas où la saisie est faite à la diligence « de l'administration des douanes, le procès-verbal « de saisie est immédiatement adressé au ministère « public.

« Le délai dans lequel l'action qui a motivé la « saisie devra être introduite, sous peine de nullité « de cette saisie, soit par la partie lésée, soit par le « ministère public, est porté à deux mois. »

Plusieurs corps consultés, les chambres de commerce de St-Etienne et de Sedan, entre autres, proposaient de

au ministère public et à la partie lésée. Nous avons vu que l'art. 15 du Tarif des Douanes ne parle pas du ministère public ni de la partie lésée.

(1) L'article 15 du nouveau Tarif des Douanes ne fait cette exception que pour les produits étrangers obtenus dans une localité du même nom qu'une localité française, et exige, en même temps que le nom de cette localité, la mention « importé » en caractères manifestement apparents.

(2) Cet alinéa a été inspiré à la commission par la loi anglaise du 23 août 1887.

rendre la prohibition d'importation absolue et inflexible toutes les fois qu'un produit portera une indication de nature à faire naître une confusion sur l'origine ou la provenance du produit. La commission n'a pas cru devoir aller si loin. « Une pareille prohibition, dit le « rapporteur, eût été de nature à apporter un trouble « certain et fâcheux dans nos relations extérieures. « Nous n'avons point entendu frapper les produits « étrangers ; nous n'avons donc point voulu priver les « étrangers du droit de revêtir leurs produits d'indica- « tions qui peuvent être nécessaires à leur vente ou à « leur circulation en France. Le seul but que nous « ayons poursuivi est d'empêcher que ces indications « puissent être une source d'abus et de fraudes. Mais si « elles sont sincères et loyales, si elles portent manifeste- « ment des signes qui vont au devant de ces abus et de « ces fraudes et les empêchent de naître, notre désir est « satisfait. Qu'aucune confusion d'origine ne soit possi- « ble quelque soit le moyen employé, nous ne deman- « dons pas autre chose. Parmi ces moyens, nous avons « adopté la mention « importé. »

Cette mesure ne peut pas être admise, à notre avis, en présence de l'art. 3 de l'arrangement de Madrid, ou tout au moins n'aurait-elle d'effet qu'à l'égard des Etats n'ayant pas signé cet arrangement. Il est nécessaire d'exiger aujourd'hui, à côté du nom de lieu français, l'indication précise et en caractères apparents du pays ou du lieu de fabrication ou de production étrangers.

Pour rendre cette prescription encore plus efficace, il conviendrait de décider que cette indication devra faire corps avec le nom du lieu français, de manière à ne pouvoir être enlevée. Une modification de cet alinéa de l'art. 23 nous paraît donc s'imposer.

L'art. 23 du nouveau projet ne va pas aussi loin que l'article 19 de la loi de 1857 : il ne prohibe pas le transit des marchandises étrangères portant une fausse indication de provenance. La commission a considéré qu'il y avait là une source considérable de revenus pour nos chemins de fer et nos canaux. Sans doute cela est vrai. Mais avec cette nouvelle disposition nos canaux et nos chemins de fer vont servir à transporter des produits destinés à faire, à notre commerce, une concurrence déloyale sur les marchés étrangers. Laquelle de ces deux considérations doit l'emporter? Il est difficile de le dire.

D. — *Des personnes investies du droit d'agir.*

Art. 24. « Les actions résultant de la présente loi « peuvent être exercées par :

« 1° Le ministère public, soit sur plainte, soit d'office ;

« 2° L'ayant droit à une marque, à un titre commer- « cial, à un nom de pays, de région ou de localité ;

« 3° Les syndicats professionnels régulièrement cons- « titués, pour le fait de contravention aux articles 17 « et 23 ;

« 4° L'acheteur ou le consommateur lésé, et, en gé-
« néral, toute personne ayant un intérêt né et actuel. »

Cet article fait cesser les difficultés que nous avons signalées relativement aux droits de l'acheteur. Il tranche la question dans le sens de la jurisprudence et de la doctrine généralement admise. Il reconnaît de plus aux syndicats professionnels régulièrement constitués le droit d'agir ; mais il limite leur action à la poursuite des usurpations commises par l'emploi frauduleux d'une marque ou d'un nom appartenant à une localité.

E. — Les dispositions relatives aux *pénalités* font l'objet du titre VIII.

Le système des pénalités est différent de celui de la loi de 1824. D'abord la peine de l'emprisonnement est supprimée ; seule une amende de 100 à 10.000 francs peut être prononcée. « Il faut remarquer, dit le rapporteur, qu'il s'agit ici d'un préjudice causé dans des « rapports commerciaux et qu'il importe avant tout « d'édicter une peine qui puisse avoir un caractère « commercial. Le caractère de la peine corporelle, « appliquée à de pareils faits, commis pour la première fois, a des conséquences trop graves d'une « part et, d'autre part, donnerait à notre loi l'aspect « d'une répression excessive. » C'est seulement en cas de récidive que le tribunal pourra prononcer une peine d'emprisonnement de six jours à deux ans (art. 28).

Les délits prévus par le projet de loi sont beaucoup plus nombreux que ceux établis par la loi de 1824. L'article 25 consacre la plupart des théories établies par la jurisprudence. Ainsi il punit : ceux qui ont vendu, *mis en vente* ou détenu dans un but commercial un ou plusieurs produits revêtus d'un *titre commercial déclaré* (1), frauduleusement apposé ; — ceux qui, soit au moyen de marques et *indications captieuses*, soit en contrevenant aux articles 17 et 23 de la présente loi, ont sciemmennt trompé ou tenté de tromper l'acheteur sur la nature ou l'origine de toutes marchandises (2); — ceux qui ont vendu, mis en vente ou en circulation, ou qui ont, dans un but commercial, détenu, introduit ou tenté d'introduire en France un ou plusieurs produits revêtus d'un *titre commercial* frauduleusement imité ou portant des indications propres à tromper l'acheteur sur la nature ou la véritable origine du produit ; ne sont pas considérés comme illicites les mentions en langues étrangères, non con-

(1) La commission comprend dans cette expression les noms de lieu de fabrication ou de production.

(2) Il s'agit là, dit le rapporteur, exclusivement de la vente de produits que l'on a présentés au public, de manière à provoquer en lui une erreur sur leur nature ou leur origine.

traires aux prescriptions de la présente loi (1); — ceux qui ont fait un usage frauduleux des mentions *façon de.., genre de.., système de.., procédé de.., imité de.., imitation de..,* ou toutes autres locutions captieuses propres à tromper l'acheteur sur la nature ou l'origine de toutes marchandises.

Ceux qui auront mis en vente ou en circulation, ou vendu des produits portant de fausses indications ne seront pas condamnés « s'ils prouvent avoir agi de bonne foi ». « Ils seront présumés de bonne foi, dit l'article 25 *in fine*, s'ils justifient qu'ils ont offert de donner, ou qu'ils ont donné, sur la réquisition de l'ayant-droit, des renseignements sur le nom ou l'adresse de celui ou de ceux qui leur ont vendu ou procuré les dits produits, le prix, l'époque de la livraison et toutes autres circonstances propres à faciliter la poursuite (2).

Dans l'article 27, le projet de loi fait échec au principe général de droit pénal, qui met la preuve du délit à la charge du demandeur : « Les contrefaçons et usur-« pations de noms, dit le rapporteur, constituent des

(1) Ce parag. faisait partie du projet de loi présenté en 1884 par M. Bozérian.

(2) Le projet de loi, dans sa rédaction primitive, faisait un délit du refus de fournir ces renseignements. C'était exagéré, car le débitant peut très bien se trouver dans l'impossibilité de les fournir, sans pour cela être de mauvaise foi.

« faits d'une nature spéciale. En effet, le fait accompli « constitue, par lui-même, une contravention. Comme « cela existe en bien des cas relevant de notre droit « pénal, nous eussions pu frapper purement et simple- « ment le fait matériel. Nous avons admis que le fait « matériel avait pu s'accomplir sans qu'il impliquât « nécessairement une pensée coupable. Nous ne « l'avons qualifié de délit que sous la réserve de l'in- « tention de celui qui le commettait. » C'est, d'ailleurs, ce que décidait la jurisprudence sous l'empire de la loi de 1824. C'était une erreur, à notre avis, car on ne peut déroger à un principe général en l'absence d'un texte formel.

La nouvelle disposition s'applique au débitant aussi bien qu'à l'auteur principal; c'est au marchand à prouver sa bonne foi, à moins qu'en fournissant des renseignements sur le coupable il n'ait mis la preuve de sa mauvaise foi à la charge de son adversaire.

F. — La question de la *compétence des tribunaux* est réglée par l'art. 32 :

« Les actions relatives à la propriété, à la validité, « au dépôt ou à la déclaration des marques et des « noms ou titres commerciaux, ainsi que les actions « civiles résultant des délits réprimés par la présente « loi et intentées directement, sont portées devant les « tribunaux civils et jugées comme matières som-

« maires ; il n'est rien innové aux règles ordinaires de « la compétence des juridictions en ce qui concerne « les autres recours civils ou commerciaux. »

Désormais les Tribunaux de commerce ne connaîtront que des faits de concurrence déloyale non prévus par la loi. Au contraire, ils devront se déclarer incompétents, soit d'office, soit sur les conclusions du défendeur, quand les faits à juger rentreront dans les dispositions de la loi.

Tel est, dans ses dispositions intéressant notre sujet, le projet de loi actuellement soumis au Sénat. Nous espérons que la discussion ne s'en fera plus longtemps attendre.

POSITIONS

DROIT ROMAIN

1° Positions prises dans la Thèse

I. — Les tuteurs et les curateurs ont été à l'origine propriétaires des biens des incapables.

II. — A l'époque classique le tuteur pouvait *lege agere* pour le compte de son pupille.

III. — L'aliénation des *prædia rustica vel suburbana* n'est point possible en cas d'avantage évident, mais seulement en cas de nécessité absolue.

IV. — La *restitutio in integrum* n'était pas nécessairement un *ultimum subsidium*.

V. — Les aliénations prohibées par l'*Oratio Severi* étaient nulles *ipso jure*, et cependant susceptibles de ratification de la part de l'incapable.

2° Positions prises en dehors de la Thèse

I. — Le vendeur n'est garant des servitudes prédiales qu'autant qu'il a vendu le fonds en le déclarant libre de toute servitude.

II. — Le pupille dont l'affaire a été gérée par un tiers est tenu comme un *dominus rei gestæ* ordinaire.

III. — Dans les obligations à terme, le débiteur n'est pas mis en demeure par la seule échéance du terme.

IV. — Le copropriétaire qui a fait une dépense indivisible sur la chose commune doit agir par l'action *communi dividundo* et non par l'action *negotiorum gestorum*.

DROIT FRANÇAIS

1° Positions prises dans la Thèse

I. — La loi de 1824 ne s'applique qu'aux produits de l'industrie manufacturière.

II. — L'expression « vin de Champagne » est l'indication d'un lieu de provenance.

III. — Le commerçant français qui fait fabriquer à l'étranger un produit, n'a pas le droit d'apposer son adresse sur ce produit, s'il peut en résulter une confusion de nature à tromper les acheteurs sur la provenance du produit.

IV. — L'article 423 du Code pénal est applicable aux fausses indications de provenance.

V. — La convention de 1883 doit être considérée comme établissant un minimum de protection.

2° Positions prises en dehors de la Thèse

A. — DROIT CIVIL.

I. — Les renonciations à des droits ne sont attaquables par l'action Paulienne qu'autant qu'elles sont frauduleuses ; le simple préjudice ne suffit pas.

II. — Le légataire universel n'est pas tenu du paiement des dettes *ultra vires*.

III. — La caution qui a payé est subrogée contre le tiers détenteur de l'immeuble hypothéqué à la dette.

IV. — Quand l'immeuble dotal a été aliéné, la prescription ne court point à partir de la séparation de biens, mais seulement à partir de la dissolution du mariage.

V. — Les donations de servitude, d'usage et d'habitation sont soumises à la transcription par la loi du 23 mars 1855.

VI. — La prescription de 10 à 20 ans est complètement étrangère à l'extinction aussi bien qu'à l'acquisition des servitudes réelles.

B. — DROIT COMMERCIAL.

I. — Le porteur d'une lettre de change a un droit exclusif sur la provision.

II. — Le paiement de la lettre de change fait dans l'hypothèse des art. 151 et 152 du C. de comm. est libératoire pour le tiré.

C. — HISTOIRE DU DROIT.

L'origine du régime de communauté se trouve dans les chartes d'émancipation des villes.

D. — SCIENCE FINANCIÈRE.

Les impôts doivent être considérés comme les frais généraux de la société.

Vu :
Le Président,
L. RENAULT.

Vu
Par le Doyen,
COLMET DE SANTERRE.

Vu et permis d'imprimer :
Le Vice-Recteur de l'Académie de Paris,
GRÉARD.

TABLE DES MATIÈRES

DROIT ROMAIN

DES POUVOIRS DES TUTEURS ET DES CURATEURS

DROIT FRANÇAIS

DE LA RÉPRESSION DES FAUSSES INDICATIONS relatives AUX LIEUX DE FABRICATION ET DE PRODUCTION

PREMIÈRE PARTIE

DEUXIÈME PARTIE

GRANDE IMPRIMERIE DE BLOIS. — PAUL GIRARDOT ET Cie.

GRANDE IMPRIMERIE DE BLOIS. — PAUL GIRARDOT ET Cie.

www.ingramcontent.com/pod-product-compliance
Ingram Content Group UK Ltd.
Pitfield, Milton Keynes, MK11 3LW, UK
UKHW020950230726
13923UKWH00007B/228